学校における 思春期やせ症への対応 マニュアル

編著　山縣 然太朗・松浦 賢長・山崎 嘉久

少年写真新聞社

本マニュアルの目的と健やか親子21

　思春期やせ症は、正式には神経性食欲不振症と呼ばれる病気です。思春期やせ症は摂食障害を引き起こし、思春期の子どもたちの心身を機能不全に陥れます。思春期の子どもたちの心身を蝕む病気として特に注意が必要なものといえます。21世紀の母子保健を推進する国民運動「健やか親子21」においては、思春期やせ症の頻度を注視していくことが決められています。

　思春期やせ症は、学校現場で見いだされることも少なくはありません。長期の入院が必要になることも多く、学校と医療の連携がとても必要な病気となっています。ほとんどの女子がダイエット経験を持ち、またやせ傾向・やせ指向を持っている現代にあっては、思春期やせ症は本人に病識がない場合も多く、家族にもその認識が低い場合が多いことが知られています。

　定期的に子どもたちの心身の健康を把握している学校現場での健診や日常の健康観察がとても大切になっています。学校現場での気づきや対応がとても大切なこの病気に対して、学校現場に向けたマニュアルが求められていました。本書では、思春期やせ症を「知る」「見渡す」「気づく」「支える」「深める」という5部構成にて、読者の皆様ができるだけわかりやすく、整理しやすいように工夫してあります。

　5部構成のどこからでも読み進めることができるようになっています。ぜひ興味のあるところから読み進めていただき、思春期やせ症の子どもたちへの対応や、またできるだけ予防につながる活動を推進していただければと思います。

執筆者を代表して
山縣　然太朗

目 次

第1章　思春期やせ症を「知る」

1．思春期やせ症とは何か……………………………………………… 8
　その概念と病名の整理
　性差と頻度
　症状と発症時期
　典型例の症状と行動
　予後（重篤な場合もあるのか）
　本人の病識
　遺伝

2．健やか親子21における指標の推移…………………………… 12
　健やか親子21
　ベースライン値：思春期やせ症
　ベースライン値：不健康やせ
　第1回中間評価
　第2回中間評価
　中間評価を踏まえた分析

第2章　思春期やせ症を「見渡す」

1．思春期やせ症を未然に防ぐ………………………………………… 16
　考えられているリスク、前駆症状、関連症状

2．子ども自身・子どもの学校生活への視線………………………… 18
　成長に関する視点
　体格に関する視点
　ストレスに関する視点（受験、友人関係）
　大人になること（月経、性の受容）に関する視点
　＊ケース1

3．子どもの背景（家庭や環境）や関わりへの視線……………… 22
　親子関係への視点
　友人関係への視点
　異性関係への視点
　小学校就学前からの視点
　＊ケース2

第3章　思春期やせ症に「気づく」

1．学校生活での気づき……28
健康面
学習面
心理・社会面
家庭面

2．スクリーニングと思春期やせ症……31
スクリーニングとは何か
まずは不健康やせ群に注目を
思春期やせ症のスクリーニング基準
思春期やせ症スクリーニング詳解
診断基準の考え方

3．身体計測からのスクリーニング……46
身体計測値の記録と連結
学校における流れ
身長・体重成長曲線の作成
標準体重を用いた肥満度判定
学校から医療機関へ
＊ケース3　　＊ケース4　　＊ケース5
コラム　体格指数

第4章　思春期やせ症を「支える」

1．医療との連携……58
問題行動に対する学校と医療の見え方の違い
学校医との連携
まずはどこを受診するのがよいか
すでに受診している場合
＊ケース6

2．入院時：子どもと家族を支えるチーム支援体制……63
入院で行われる治療
入院中の治療や生活を支えるスタッフ
いわゆる院内学級での生活

入院中の子どもと家族を支える学校の役割
＊ケース7　　　＊ケース8

3．通院時：子どもと家族を支えるチーム支援体制 ……………… 72
通院時サポートチーム
状況の共有
信頼づくり
子どもへのサポート
子ども自身の認識
通院が途絶える場合
＊ケース9

第5章　思春期やせ症を「深める」

1．学校生活での気づきチェックリスト ………………………… 80
2．担任用"支え"のチェックポイント …………………………… 82
"支え"のチェックポイント
3．役に立つ尺度（EAT26、シルエット法）…………………… 85
Eating Attitudes Test（EAT）
得点化の方法と基準値、参考値
シルエット法
ボディーイメージとは
シルエット画の設定と調査の方法
シルエット画の例（6点法）
4．参考になる文献やウェブページ情報 ………………………… 90
5．身長・体重曲線 …………………………………………………… 92
6．学校生活管理指導表 ……………………………………………… 94

第 1 章

思春期やせ症を「知る」

　思春期やせ症は、心の問題を伴った病気であり、思春期における死亡率の高い心身症のひとつです。しかしながらその病態や危険性についてはあまり知られていないのが現状です。思春期やせ症については、何よりも早期発見・早期治療が鍵となりますが、そのためにはまず思春期やせ症について「知る」ことが重要です。

1. 思春期やせ症とは何か

●その概念と病名の整理

　思春期やせ症とは、こころに問題を抱えながらもそれを解決しようと行動する代わりに、食べる、食べないという食をめぐるこだわりに置き換え、心身の機能不全に陥る摂食障害のひとつです。アメリカ精神医学会のマニュアル（DMS-Ⅳ-TR）では神経性無食欲症（anorexia nervosa）と記載されています。DMS-Ⅳ-TRでは、これを体重減少が主として節食や絶食または過剰な運動によって達成される「制限型」と、習慣的なむちゃ食いや排出行動（自己誘発性嘔吐、下剤、利尿剤、浣腸の誤った使用など）を繰り返す「むちゃ食い／排出型」に病型を分類しています。また医療現場では、神経性食思不振症という病名も使われています。「むちゃ食い／排出型」を過食嘔吐と呼ぶこともあります。

　ただ、この病気では食事量は減りますが、食欲の低下はまれですので無食欲症というのは誤った名称で、本書では思春期やせ症を用います。さらに、本書ではなんらかの健康影響をもたらす可能性のあるやせ「不健康やせ」についても、その一次予防の視点を強調しています。

●性差と頻度

　思春期やせ症は圧倒的に女子に多く、男子は女子の10分の1といわれています。

　1,130名の高校3年女子の、学校健診で記録された身長、体重をパーセンタイル成長曲線にプロットして求めた全国学校頻度調査によると、思春期やせ症の推定累積発症率は2.3％と報告されています[注1]。また、同様の手法で推定された不健康やせは、中学3年時点では5.5％、高校3年時点では13.2％だったそうです。たとえば1学年が400人

注1

参考文献：厚生労働科学研究（子ども家庭総合研究事業）「思春期やせ症と思春期の不健康やせの実態把握および対象に関する研究班研究報告書」主任研究者渡辺久子 2002年

程度の高校では、思春期やせ症の患者が1学年に9人程度、不健康やせ状態の生徒が50人程度通学していることになります。

●症状と発症時期

体に病気がないのにやせることを特徴とします。思春期に急増するはずの体重の増加が横ばいになります。早期の気づきにはこの変化が重要です。近年その発症が低年齢化し、小学校高学年〜中学校でも発症します。女子では初潮が起きる前の発症も少なくないといわれています。無月経も重要な症状ですが、これは思春期前の子どもでは初潮の遅れとして捉えられます。主な身体所見を表に示します（下表）。

これらの身体症状は脳腫瘍や口腔消化器疾患、感染症、内分泌疾患など身体疾患[注2]によっても起こり得ます。こうした病気がないかを確認するためにも病院受診を勧める必要があります。

注2
左脳下垂体腫瘍、悪性腫瘍、炎症性腸症候群、結核、HIV感染、Ⅰ型糖尿病、甲状腺機能亢進症などの身体疾患や薬物乱用

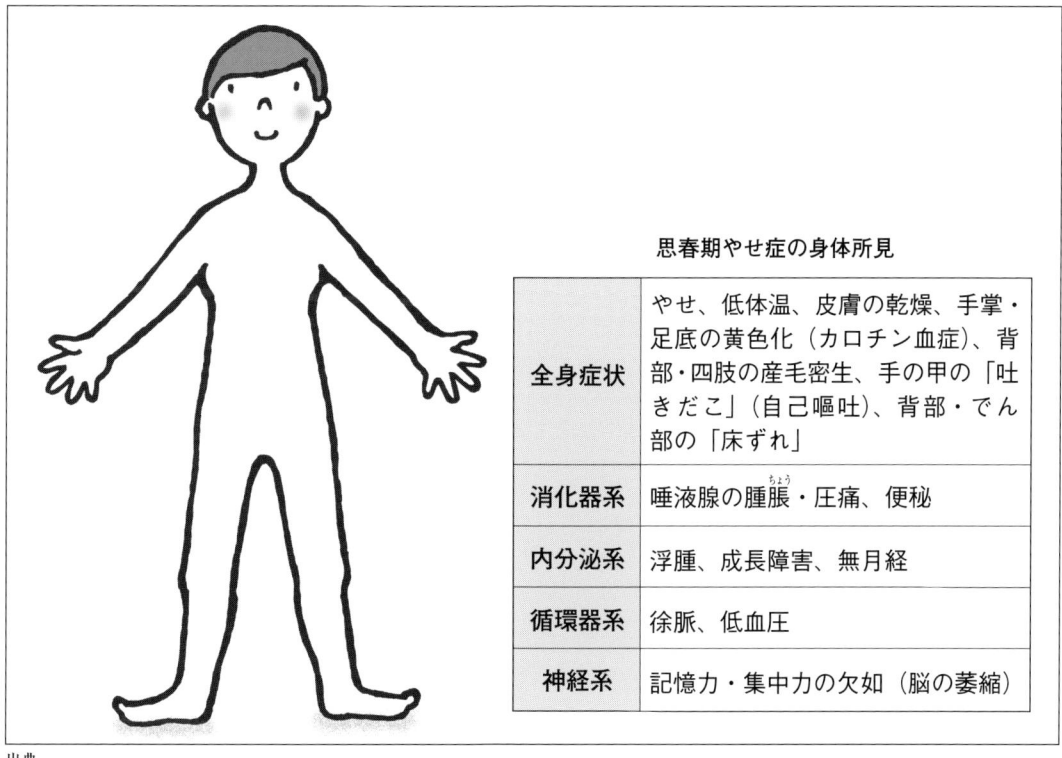

思春期やせ症の身体所見

全身症状	やせ、低体温、皮膚の乾燥、手掌・足底の黄色化（カロチン血症）、背部・四肢の産毛密生、手の甲の「吐きだこ」（自己嘔吐）、背部・でん部の「床ずれ」
消化器系	唾液腺の腫脹・圧痛、便秘
内分泌系	浮腫、成長障害、無月経
循環器系	徐脈、低血圧
神経系	記憶力・集中力の欠如（脳の萎縮）

出典
Nicholls Detal：Anorexianervosa and related eating disorders in childhood and adolescence. 2nd ed.Psychology Press, 2000（井ノ口美香子他訳）

●典型例の症状と行動 (注3)

　思春期やせ症の子どもは、元気そうに活動し、やせていることに無頓着あるいはかえって調子がよいといい張ります。ダイエットハイの状態も示します。「食べると太る、やせたい」とはっきりという子もいますが、ひそかにやせを求めて行動する子もいます。最初はダイエットであっても、減量目標を達成してもやめません。やがて周囲が心配し、がりがりの体や指のチアノーゼが目立つようになっても、「今ほど快調なときはない」といいます。親がきりきり心配すればするほど、頑固な姿勢になります。

　空腹感は最初は苦しくやがて消えます。その後、四六時中食べることに考えがとらわれ、わずかな量をだらだら食べる、ほかの人に料理をつくって食べさせる代償行動をとる場合もあります。やがて眠りも浅くなり、まめまめしく勉強や家事をこなして動き回りますが、後には体力気力が失せ、動きも鈍くなります。顔色が青ざめ、産毛が濃くなり、浮腫、毛髪や皮膚の乾燥が現れるまで、やせていることは認めません。

●予後（重篤な場合もあるのか）

　死亡率は6～10％と高く、10代前半の発症は20代以降の発症よりも心身のダメージが大きく、栄養障害による深刻な発育不全と多臓器の障害を生じます。将来の精神障害、不妊症、骨粗しょう症、認知症ばかりでなく、動脈硬化、脳血管障害、心筋梗塞などのリスクにもなります。思春期やせ症は、死亡率、慢性化率、再発率が高い難治性の疾患です。しかし、誰もが異常とわかる高度なやせ状態になるまで医療機関を受診することはありません。早期の介入ほど効果的です。ゆえに学校現場での早期の気づきが必要となります。

注3
参考文献：厚生労働科学研究（子ども家庭総合研究事業）思春期やせ症と思春期の不健康やせの実態把握および対策に関する研究班著『思春期やせ症の診断と治療ガイド』文光堂刊　2005年

ダイエットハイ
飢餓状態が爽快な気分を引き起こし、やせればやせるほどいい気分になること。

●本人の病識

　ふつう病気はその本人に不都合や不快感、困難をもたらします。ゆえに自分から病院を受診したり、薬を飲んだりするなどの行動につながります。これを病識といいます。やせ症においても身体症状は本人を苦しめてはいるのですが、その苦しさは「太らないでいること」へのねじれた達成感に置き換わっています。また、やせ症の核心は子どものこころの病気でありますが、誰かが説明しなければ、自分でその問題に気づくことはできません。

　また、思春期やせ症の子どもは、体重へのこだわり、カロリー摂取へのこだわり、ゆがんだボディーイメージ、肥満恐怖などの気持ちを持っています。自己誘発嘔吐、過度の運動、下剤の乱用などを行っていることも少なくありません。本人に尋ねても多くはやせ願望をあからさまには語りません。

●遺伝

　メンデル遺伝のような明らかな遺伝形式は認めませんが、素因としての遺伝的な要因が発症の背景にあると考えられています。ただ発症するには、これに心理的な要因や家族的要因、さらに社会的要因が大きな影響を与えます。

2. 健やか親子21における指標の推移

●健やか親子21

「健やか親子21」は21世紀の母子保健の主要な取り組みを提示し、国民が推進していく運動計画として位置づけられています。当初「健やか親子21」は、2001年から2010年までの10年間の取り組みとしてスタートしましたが、延長されることになり、2014年までの取り組みとなりました。

「健やか親子21」は以下の4つの課題から構成されています。

> ①思春期の保健対策の強化と健康教育の推進
> ②妊娠・出産に関する安全性と快適さの確保と不妊への支援
> ③小児保健医療水準を維持・向上させるための環境整備
> ④子どもの心の安らかな発達の促進と育児不安の軽減

上記4つの課題には、それぞれ複数の目標が含まれ、その目標の達成度を見るために、指標が設定されています。たとえば、①の思春期課題については、2001年の開始時点には、13の指標が含まれていました（現在は15指標）。

●ベースライン値：思春期やせ症

「健やか親子21」の①の思春期課題において、思春期やせ症は、「15歳の女性の思春期やせ症（神経性食欲不振症）の発生頻度」を指標として、減少傾向へと向かう目標が示されています。

「健やか親子21」策定時のベースライン値は、平成14年度の厚生労働科学研究「思春期やせ症（神経性食欲不振症）の実態把握及び対策に関する研究」班（主任研究者：渡辺久子）のデータを引用しています。思春期やせ症のベース

ベースライン値
ベースラインとは「基準となる線」を意味する単語であり、取り組みの効果を見ていく際に、その基準となる値を指しています。

ライン値は、中学1年〜高校3年において2.3%でした。

●ベースライン値：不健康やせ

思春期やせ症は、「不健康やせ」の集団から発生します。「健やか親子21」では、思春期やせ症の頻度に加えて、不健康やせの頻度についてもフォローしています。

●第1回中間評価

2001年からスタートした「健やか親子21」が5年経過した時点となる2005年の状況を分析・評価したのが、「健やか親子21」の（第1回）中間評価です。

思春期やせ症に関しては、平成17年度厚生労働科学研究「思春期やせ症と不健康やせの実態把握及び対策に関する研究」班（主任研究者：渡辺久子）のデータが中間評価に用いられました。

思春期やせ症は、中学1年〜高校3年において、1.03%でした。また、不健康やせについては、中学校3年生では7.6%、高校3年生では16.5%となっていました。

●第2回中間評価

「健やか親子21」は2014年に最終評価を迎えます。そこで、2009年に第2回の中間評価が行われました。思春期やせ症に関しては、平成21年度厚生労働科学研究「健やか親子21を推進するための母子保健情報の利活用に関する研究」班（主任研究者：山縣然太朗）のデータが中間評価に用いられました。

思春期やせ症は、中学1年〜高校3年において1.01%となっており、第1回中間評価時と大きな変化はありませんでした。また、不健康やせについては、中学校3年生では19.5%、高校3年生では21.5%となっており、こちらについては第1回中間評価時から大きく増加していることがわかりました。

不健康やせ
①成長曲線上体重が1チャンネル以上、下方シフトしている、または、②肥満度−15%以下のやせ、を認めるものをいいます。

中間評価
10年の取り組みであれば、5年目に状況を分析・評価することが多く、前半5年間を見直し、後半5年間の取り組みのあり方を再検討するために行います。

●中間評価を踏まえた分析

　ベースライン値と、中間評価に用いた値（直近値）とを比較すると、思春期やせ症の発症頻度については、そのパーセンテージは半減となっていました。ただし、直近値については、専門家が診察すれば診断できる、より初期段階の軽度～中度のケースが抽出されていないことから、発症頻度については横ばいとみなすのが妥当です。

　不健康やせについては、その割合が増加傾向を示していました。不健康やせが、思春期女性の「やせ願望」や精神的健康度とどのような関連があるのかを検討したうえで、対策などを立てていく必要があります。

「健やか親子21」における目標は、思春期やせ症頻度を減少傾向に導くことですが、不健康やせを含めて考えても、状況（中間評価時点）が改善してきているとはいい難いようです。肥満対策と同様に、今後はやせ対策の充実が望まれます。

第 2 章

思春期やせ症を「見渡す」

　思春期やせ症は様々な要因が重なり、影響し合って発症します。思春期やせ症を未然に防ぐために、まずそれらの要因について理解をしておきましょう。そして、子ども自身、子どもの学校生活、子どもの親子関係や友人関係、また就学前の生育歴など、思春期やせ症を未然に防ぐポイントとなる視点を持って、子どもを見つめましょう。思春期やせ症と子どもを見渡すその視点が、思春期やせ症を未然に防ぐ一歩となるのです。

1. 思春期やせ症を未然に防ぐ

●考えられているリスク、前駆症状、関連症状

家族や環境とのかかわり

　思春期やせ症の子どもの家庭には、たとえば家族の団らんや両親がいっしょになって子どもを見守る体制(注4)の欠如、祖母と母親間のいさかいに気をとられる中で自分の本音を出せず自我の確立が困難になるなどの問題(注5)が少なくありません。子どもと親が関わりを持ちながら日々の暮らしを営む家族機能に何らかの要因を見いだすことができます。

　子どもは、家族の問題について自分から教員などに援助を求めたり、気持ちを告げたりすることはほとんどありません。外から見て不都合に見えることであっても、子どもはその中で暮らすしかないのです。意図的に隠すというよりも、無理にでも受け入れようとするがゆえにこころのバランスを崩しており、早期の発見は子どもにとって極めて重要です。

ストレスとの関連、いじめや友人関係との関連

　子どもは乳児期にまず身近にいて世話をしてくれる大人（多くは親）との愛着を結びます。良好な愛着がその後の自我の発達や自立への基礎となります。愛着形成のつまずきはその後の子どものこころの発達に影響を残します。良好な家庭環境が保たれず自己肯定感がきちんと確立されないことで、ストレスをうまく解消する力が育ちません。

　友人関係とのトラブル、勉学・部活動・おけいこごとなどに起因するプレッシャー、家族関係の急激な変化などの様々なストレスが、思春期やせ症の発症の引き金となります。

気質の特徴、精神的側面

　思春期やせ症の子どもは、まじめできちょうめんな子が

注4
参考文献：厚生労働科学研究（子ども家庭総合研究事業）思春期やせ症と思春期の不健康やせの実態把握および対策に関する研究班著『思春期やせ症の診断と治療ガイド』文光堂刊　2005年

注5
子どもが両親そのほかの大人に見守られて安心して成長するための境界（世代境界）。思春期やせ症ではこの不鮮明さが認められます。

多く、小さいころから周囲に気を遣いすぎる傾向も持っています。

　思春期に性の課題に直面する女子にとって、同性の母親との適切な距離感のある信頼関係は女性となることへの安心感(注6)につながります。反面、母のいいなりでよい子の役割を演じてきた思春期やせ症の子どもでは、自分のこころの課題を的確に表現できません。また、異性である父親とは無邪気に触れ合うことができなくなります。配慮を欠いた父親のなれなれしさは、近親相姦(かん)的な不安を誘発することもあります。

やせ志向と社会

　わが国で若年女性におけるやせ志向が指摘されてから約50年を経過しようとしていますが、現在では、小学生においてもやせ志向が問題視されるようになってきました。また、男子においてもやせ志向が報告されるようになりました。

　数十年前と異なり、現代では、インターネットや携帯電話といった双方向性のメディアの影響が大きくなっています。インターネット上への広告費は、ラジオのそれを上回っており、ほどなくしてテレビのそれを上回ることが確実視されています。今では小学生も携帯電話を持ち、インターネットに容易にアクセスできる時代となりました。

　携帯電話やインターネット上で展開されるダイエット系広告はもとより、WEB上の掲示板などで書き込まれる"外見"に関するあからさまなやりとりは、それを見る若年者のやせ志向を少しずつ確固たるものにして内在化していきます。また同時に、他者からの評価を気にするメンタリティーを作り上げていきます。

　そして、現代の特徴は、保護者の世代がすでにその時代の先端に、子どもと同時に位置しているということにあります。親からの何気ない一言も子どものやせ志向をつくり出します。小学校からの健康教育とともに、保護者への啓発を含めた包括的なアプローチが望まれています。

注6
思春期の子どもには、たとえ親であっても越えてはいけない男女のけじめがあります（性差境界）。

2．子ども自身・子どもの学校生活への視線

●成長に関する視点

　思春期には、成長に伴う必要な体重の増加についても、「増えること」は「太ること」と感じてマイナスに捉える傾向があります。そこで、体重増加に敏感になる思春期以前の時期から、「増えること」を成長の現れとして肯定的に捉えることができるように指導していく必要があります。また、思春期になると、クラスメートや部活の仲間、教師などとの関わりの中で、家庭の外に価値観を求め自分らしさを探すようになります。社会風潮として「やせていること」が美徳であるかのようにもてはやされているため、「やせていること」が大切なことと思い、男女とも、ダイエットに取り組む子どもが少なくありません。そこで、思春期以前から自分の体に愛着を持ち、大切にする気持ちを育てるとともに、「やせている」など体格以外の観点でその子どもの自尊感情を育んでいきたいと考えます。

●体格に関する視点

　中学生は、二次性徴により、女子は乳房・腹部・でん部・大腿部（たい）などがふくよかに変化し、自分の体格に不満を持ちやすくなります。思春期に入る前は男女とも体脂肪の量は同じですが、思春期が終わるころの女子は思春期以前に比べ倍近くの体脂肪となります。これは、成長の自然な過程ですが、そのように体格が丸みを帯びることを太ったと捉えがちです。また、男子は身長が急に伸び始めます。そのため、ボディーイメージが描けず、自分の体が自分の手に負えないような無力感や焦燥感が生じる者もいます。一方、観察者が印象だけで判断すると、やせであるのか、正常範囲のアンバランスな成長なのか、わかりづらいものです。

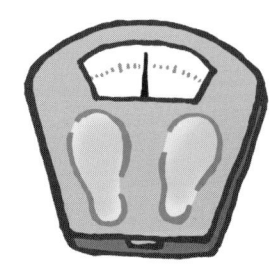

●ストレスに関する視点（受験、友人関係）

　思春期は過度に恥を恐れる傾向があります。成績が良い、知識が豊富、得意なものがある、センスがいい、リーダーシップをとれる、人望がある、人気がある、気の利いた話ができるなど、何かで一目置かれ、体面を保つことはこの時期の子どもにとって重大なテーマとなります。本人にとってつらいストレスを抱えていないかを捉えることが大切になります。

　また、中学生は、受験や学力テスト、能力別クラス編成、部活の成績など、結果が他人にまでわかる活動に取り組んでいます。高すぎる理想に固執したり、要求されたり、そうならなければと思い込んだりする傾向のある子どもであるのかどうか、丁寧に確認することが求められます。

●大人になること（月経、性の受容）に関する視点

　月経や乳房などの大人の女性への体の変化を受け入れられず、大人となることや成熟を拒否して、やせ願望へと発展することがあります。中学生になり半数以上が初経や精通を経験するようになると、自然と性交や妊娠といった性に関する話題が飛び交い、これらを耳にする機会が増えます。内面で異性への関心が生じても逆に成熟を恐れる気持ちも芽生えます。子どもたちが、性に対する中学生らしい関心を正確な情報で了解しているか、将来に向かって主体的に生きることの素晴らしさを感じているのかを把握したいものです。

ケース1

◆あらまし

　高校2年女子A。中学時代からバスケット部に所属し、高校入学後もバスケット部に入部しました。中学3年の部活引退後、高校受験による運動不足で体重が増え、高校入学後、部活動で「体が重い」ことが気になりダイエットを始めたところ、「体が軽くなると動きが楽になる」と感じました。その後も激しい練習にもかかわらず、体重増加を恐れて食事制限を続けました。

◆気づきと支え

　2年4月の身体測定で、1年のときより体重が3.8kg減少していることに養護教諭が気づき、担任・部活顧問・体育科教師からAの情報を収集した後、Aと面接を行いました。

	中学3年 4月	高校1年 4月	高校2年 4月
身　長（cm）	150.5	151.0	152.0
体　重（kg）	42.0	44.0	40.2

　Aは初め、体重が減少していることに対しては、間食をやめただけと主張して「体が軽くなり、調子がよくなっている。大丈夫」といい張っていました。ダイエットの危険性や思春期やせ症のこと、このまま体重減少が進めば月経が止まること、さらには運動も中止しなければならなくなることなどを話しました。Aは運動ができなくなることに反応して、養護教諭が母親と面接することを了解しました。

　母親との面接から、一人っ子で若干甘やかされて育った様子を感じましたが、そのほかには特に問題のない家庭環境であることがわかりました。母親はやせてきたことと食事量が少なくなったことを気にかけていましたが、大きな

身体計測からのスクリーニング
記録の重要性。1回の身体測定のデータだけでなく、記録・蓄積されたデータを活用することで変化や異常が見えてきます。

ダイエットによる活動の亢進
ときには不健康なやせの状態にもかかわらず、過剰に活動する傾向があります。

問題との認識はありませんでした。しかし、養護教諭の話から、このままの状態が続くと、体への危険性や部活動を中止する必要性があることなどに理解を示し、今後の対応を相談しました。

　そこで、養護教諭はAが納得したうえでの医療機関受診を勧め、思春期摂食障害外来のある大学病院を紹介しました。比較的早い段階での受診だったため、月1回の外来通院となり、しばらくの間の運動禁止と栄養指導などを受けることになりました。Aにとって部活動禁止がこたえたようで、早く復帰したいという強い気持ちから治療に専念することができました。

　その結果、夏休みごろより少しずつ運動が許可され、秋には部活動に完全復帰しました。

◆振り返り

　この事例の発見は、身体測定と中学校から送られてくる健康診断データのチェックによるものです。高校には、入学生徒の小・中学校の健康診断票原本が指導要録の写しとともに、各出身中学校から送られてきます。このデータは、生徒の健康管理上の貴重な資料であり、摂食障害の早期発見のためには、身長・体重のデータを入学後の身体計測の結果と併せてチェックする必要があります。そして、体重が減少している生徒は、担任・部活顧問・体育科教師などほかの教師からの情報も集めて、本人と面接指導したいものです。この事例のように、早い段階での気づきと専門医療機関受診、家庭との連携が重要と考えます。また、運動に励む子どもの中には、「やせていてぜい肉のない体でいることが競技をするうえで重要」と思い込んでしまう場合がみられます。競技でタイムを競うだけでなく、減量面で競い合ってしまうこともあります。そして、ダイエットや運動によって自分の意志で体をつくることが評価されると考え、無理なダイエットに陥りやすいことを指導者は考慮して、指導に当たりたいと考えます。

3. 子どもの背景（家庭や環境）や関わりへの視線

●親子関係への視点

　密着した母子関係のストレスからやせが生じたり、「やせ」に陥りやすい傾向が母親や叔母など近親者にもみられたりすることがあります。また、自分の考えや感情を出しにくい家庭、家族の問題を相談し合いにくい家庭にもみられます。子どもは、両親や家族に対する憤りや怒りを押さえつける方法として「食べる」ことを使ってしまうのです。

　また、保護者が子どものころ胃腸障害や摂食障害を経験していると、子どものやせについて危機感を持ちにくくなる傾向があります。どのような親子関係かを把握し、ハイリスクの場合には日ごろから注意を払う必要があります。

　また、中学生は、幼児期とは違い、親にやすやすと甘えたくない思春期のただ中にあり、親も子どもの自立を求めるようになります。塾やクラブチーム活動などにより、親と生活リズムが合わない子どもが多くなります。また、携帯電話やインターネットの普及により、食後の団らんとまでいかなくとも、なんとなく家族一緒にいることも減っています。孤食も多くなり、子どもがどのような食生活を送っているのかが把握しにくくなっています。

●友人関係への視点

　中学生になると、個々の興味も分散します。小学校中学年ごろ（前思春期）は、担任教諭を中心にクラス全員が同じものを目指すことが重視されます。しかし、中学校では、そのような価値観が絶対的ではなくなり、自分のより所がわからなくなり、不安定になっている子どももいます。また、思春期の子どもは、仲間との一体感を強く求め、些細な挫折や失敗でひどく孤立する不安や悲しみを抱えている

ことがあります。クラスや部活内で上下関係が存在することもあり、体形や外見の劣等感が、人間関係の序列を形成する要因になることもあります。「やせていること」が人間関係を形成する大きな要因と考え、不健康やせに走ることがあります。

●異性関係への視点

中学生になると異性とつき合い始める子どもが珍しくありません。相手の何気ない言動から、やせていることが美しいという価値観を持ち、ダイエットに取り組むこともあります。ダイエットに集中するようになると性的なものに嫌悪あるいは無関心になる子どももいます。相手の子どもとの関係性がよくても、やせていようとする行動が止まらないことがあります。失恋のストレス解消を食に求めて過食に走る、逆に極端なダイエットに取り組む子もいます。失恋による喪失感や孤独感など、つらい感情を癒やすために食べ物を使うようになります。

●小学校就学前からの視点

離乳や幼児期の食行動に異常がみられた場合、思春期のストレスが摂食行動の異常として現れる場合もあります。小学校就学前の生育歴を把握しておくことで、子どもがストレス過多になったり、支援を必要とするような状況になったりした場合、その発散として食行動に異常が現れないかを注意することができます。

ケース 2

◆あらまし

　高校1年女子B。1年秋ごろより「気持ちが悪い」などの訴えで保健室に来室するようになりました。身体症状が強いので本人及び母親に胃腸科受診を勧め、その主治医より心療内科専門医を紹介され受診に至りました。

◆気づきと支え

　中学3年の体格は身長148cm、体重38kg、高校1年での身体計測では、身長148.5cm、39kgと小柄な生徒であるが、中学時代より体重が増加していたため指導の対象とはなっていませんでした。しかし、「気持ち悪い」などの訴えによる保健室来室が続き、問診の結果、家庭でも胃痛・嘔気が強いため、食事をとれない状態が続いていることが判明しました。Bに医療機関の受診を勧めると同時に、担任を通じて家庭に連絡して母親との面接を行いました。

　Bはすでに独立している10歳以上離れた兄・姉と両親・父方の祖父母という家族関係の中、大人に囲まれ大事に育てられてきました。父親は家庭をあまり顧みず、すべてを母親に任せきりでした。母親はそのような父親と舅姑との関係に耐えながら、健気に頑張っていました。Bはその母親の姿を見ながら育ち、母親に心配させたくないという気持ちを強く持っていました。また、兄・姉が独立してから祖父母のBへの干渉が強くなったことも負担になって精神的に大きなストレスがかかり、胃痛や嘔気などの症状が発生し、「食べられない」状態になりました。

　母親との面接から、家庭での問題が把握できたので心療内科等専門医の受診を勧めましたが、母親が同居祖父母の反応を懸念しているとともに、Bも気乗りしていませんでした。そこで、保護者同意のもとにBの心身の状況を伝え、

家族関係への視点
両親の葛藤、兄弟の問題など家族の問題のしわ寄せを被っている場合があります。家族の問題に心を痛め、自分の感情を表すことができないばかりか、不健康やせに陥ってもその変化に家族が気がつかない場合も見られます。

理解して受け止めてくれる胃腸科医院を紹介しました。その後、胃腸科の主治医より心療内科を紹介してもらい、胃腸科・心療内科の両院で通院治療を受けながら学校生活を送ることになりました。家庭ではBの状態を心配して、支えてくれていました。学校でも、養護教諭から担任・学年に働きかけ学校生活が負担にならないような配慮と本人面接を実施していきました。そして、母親とも連絡を取り合い、母親の支援も同時に進めました。

その結果、2年生には体調も回復し、学校生活も普通にできるようになりました。しかし、3年になり大学受験を意識するようになってから再び体調が悪くなったため、その年は受験をしないで治療に専念しました。翌年、希望の大学に入学し、自分のペースで生活を始めました。

休学や進学など治療と学業の判断
思春期やせの患者はプライドが高く、成績や進学など他人の評価を意識した感情は捨てにくいのです。本人のプライドを守りながら、その時点での最良の目的を達成できるような方法、柔軟な対応を考えたいものです。

◆振り返り

保健室への来室を契機に保護者との面接を行い、親子関係などのBの抱える問題が明らかになり、受診につなぐことができました。このように早期の支援ができるよう、高校入学前の合格者説明会や入学後のオリエンテーションなどの機会に保健室の相談活動を保護者及び生徒にアピールして支援の窓口を開いていきたいものです。

また、医療との連携には、専門機関受診について本ケースのように本人や保護者の抵抗感が強い場合が珍しくありません。その場合には、初めは内科での身体症状の治療から入るなど、抵抗なく受診・治療につながる医療機関を選択する配慮が必要となります。

本ケースのように、家族の問題が「やせ」という形で現れることがあります。親や兄弟など家族に対する憤りや怒り、ストレスなどが押さえつけられ、表に出せなかった感情の代わりに「食べ物」が使われることがあります。よい子でいるだけでなく、悲しみや怒りなど負の感情も安心して出すことができる環境・居場所が子どもの健康な成長には必要です。

医療との連携
まずはどこに受診するのがよいのでしょうか。
○第4章1. 医療との連携（58ページ）参照

第 3 章

思春期やせ症に「気づく」

　日々の学校生活や健康診断の際に少し気をつけるだけで思春期やせ症に気づくことができます。ここでは、思春期やせ症に気づくためのポイントを紹介します。毎日の学校生活の中でどのような点に気をつければよいでしょうか。また、健康診断や身体計測の際に得られたデータから、どのような方法で思春期やせ症に気づくことができるでしょうか。しっかりと理解して子どもたちの思春期やせ症のサインを見逃さないようにしてください。

1. 学校生活での気づき

●健康面

まず、既往歴や治療歴は把握しておきます。次に、身体面では次のような様子が見られないか、保健室の来室や学校生活の中で、担任をはじめ子どもに関わる教職員で注意すべきです。

・頬のこけ　・目のくぼみ　・顔、掌、足底などの皮膚が黄色化する　・四肢、背部の産毛が増える　・皮膚や髪の毛の乾燥　・わずかな運動時の頻脈　・休息時の徐脈　・低血圧　・低体温　・四肢末端の冷感　・身長、体重の状態（標準体重から15％かそれ以上のやせ）　・最大体重と最小体重　・3回かそれ以上の月経周期の欠如　・不定愁訴による保健室来室　・睡眠障害　・遅刻　・飢餓と脳萎縮に伴う記憶力低下、集中力低下、抑うつ、こだわり症状　など

また、学校での食行動を見るポイントは次のような点です。

・満腹感、嘔気、食欲不振、飲み込めないなどを訴える　・食べ物を隠す　・食事を粉々にする　・低カロリーなものしか食べない　・食事をかむが吐き出す　・給食、お楽しみ会、調理実習、宿泊学習などで食事がとれない　など

さらに、通常では見られない排泄(せつ)行動が現れることもあります。

食行動異常

食行動異常を予測する4つの質問項目が明らかになっています（片桐和枝, 荒木田美香子）。
①現代の社会で成功したければ、太らないように体型の維持や改善に対して一生懸命になることが大切だと思います。
②自分の体型について考え込んで、人の話や勉強、作業に集中できなくなることがあります。
③ミスが少なければ少ないほど、人は私に良い感情を持つと思います。
④私は、ほかの人が自分のことをどう思っているか気になります。

> ・顕著な便秘　・下剤、浣腸や利尿剤を体重減少のために用いる　・誘発嘔吐　・誘発嘔吐のためのトイレの使用　・吐きだこ　・嘔吐臭　・頻回な嘔吐による前歯の裏などのう歯　など

●学習面

　この疾患以前に教育的問題を指摘されることはほとんどありません。成績や順位の変化、保護者面談での情報、過激な運動による摂生など、担任などからの情報収集は重要です。また、調理実習の料理を食べない、体育の授業での運動後に徐脈がみられる、宿泊学習で食事がとれない、給食を食べないなどの行動やいじめにも現れます。このように、担任や養護教諭だけでなく、教科や学級の枠を越えて、すべての教職員が思春期やせに関する知識を持ち、情報を共有する体制が重要といえます。そのほかまわりから見て過度であっても、本人がダイエットが順調だと思っていると、学習に集中できるため成績は上昇傾向になったり、活動が亢進したりする時期があります。

●心理・社会面

　友人関係や異性関係（交際、結婚への憧れ、失恋）、性的なものへの無関心あるいは嫌悪感にも目を向けるべきです。対人トラブルが起きやすいこともあります。完璧主義、強迫的、こだわり、自己肯定感の低さなどの子どもの性格や気質から気づくこともあります。また、やせていても自分のやせを認めない、やせを認めたとしても、ある部位が太っている（でん部、大腿部、腹部など）という場合があります。空腹や治療の必要性、飢餓の結果としての病気や死の可能性を認められないこともみられます。食品の万引きや衝動的な盗癖から発見されることもあります。

●**家庭面**

　親子関係は反抗期がなかったり、よい子であったりする場合が多いために、親への不満や憤りを表せていない場合があります。次のような家庭での食生活に注意します。

> ・孤食　・食事を隠す　・食事を粉々にする　・低カロリーなものしか食べない　・食事をかむが吐き出す　・過食の後に嘔吐をする　・甘くて高カロリーのやわらかいものを食べるという　・念入りな食事を他人のために用意しそれを食べることを強要する　・食品を蓄える
> ・カロリー計算に夢中になる　など

2. スクリーニングと思春期やせ症

●スクリーニングとは何か

　前項「学校生活での気づき」では、思春期やせ症を早期発見し、早期治療につなげていくための質的な方法（視点の持ち方）について説明しました。何よりも重要なのは、毎日子どもたちを見守る中で、小さな気づきや違和感を大切にし、教職員でそれを共有することによって、幅広く思春期やせ症予備軍に注意を向けていくということでした。本項では、科学的な方法（量的な方法：数値やグラフが出てきます）のひとつである"スクリーニング"を用いて思春期やせ症に気づく手法について記述していきます。ここで用いる"スクリーニング"とは、学術的な用語であり、関連の専門用語もいくつか出てくることになります。

　スクリーニングとは一般的には"ふるい分け"と訳されますが、集団を対象としてできるだけ病気の早い段階でそれを発見して早期治療につなげるための科学的な方法です。学校保健でいえば、たとえば集団で行う腎臓病検診や心臓病検診がこのスクリーニングに当たります。発見しようとする疾患（群）が決まっている場合にスクリーニングが用いられます。

　スクリーニングは、医療機関での個別検査とは異なり、できるだけ手軽に手元に集めやすいデータを用いて行われます。たとえば腎臓病検診では、「早朝第一尿」と検尿スティックが用いられます。

　スクリーニングは簡便な反面、万能ではない側面もあります。偽陽性や偽陰性という言葉で表される"見立て間違い"や"見落とし"がどうしても少しは出てきてしまいます。そのほかにも、スクリーニング独特の用語と見方がありますので、それについては次項以降にて専門用語とともに扱

早期発見早期治療
スクリーニングは、早期発見・早期治療が可能な疾患を対象としています。たとえば、早期に発見が可能であったとしても、早期治療の道筋がほとんど無い場合にはスクリーニングは適用されません。スクリーニングによって"ふるいにかける"ことのできる疾患は限られています。ちなみに、頻度が極めて低い疾患にもスクリーニングは適用されません。

います。

　なお本著では成長発育曲線（グラフ）を示しますが、それらは「児童生徒の健康診断マニュアル（改訂版）」（文部科学省スポーツ・青少年局学校健康教育課監修、日本学校保健会）から引用しています。

●まずは不健康やせ群に注目を

　学校現場において思春期やせ症は、あるとき突然発見されるわけではありません。いろいろな予兆があり、それらのサインに気づいていくことが重要です（5章にチェックリストを掲載しています）。中でも特に思春期やせ症は"不健康やせ"群から見いだされるという事実がありますので、学校では"不健康やせ"に気を配っていく必要があります。「健やか親子21」においても、思春期やせ症の頻度を把握するのと同時に、不健康やせの割合も把握して、それらを注視する（減少傾向にする）ことになっています。

　では"不健康やせ"とはどのような"やせ"なのか。それは下記の目安で判断することになります。まず手元にそろえるデータとしては、小学1年時の身長と体重、そしてここ数年の身長と体重データです。毎年の健康診断で把握されたデータで構いません。

○第5章1. 学校生活での気づきチェックリスト（80ページ）参照

不健康やせを判断する目安

> **目安Ⅰ**
> 　体重がそのとき本来（小学1年時）の体重のチャンネルより、1チャンネル以上下方へシフトしているもの。
>
> **目安Ⅱ**
> 　体重の下方へのシフトは1チャンネル未満であるが、身長が本来（小学1年時）のパーセンタイル値より上方にシフト（増加）しており、本来のパーセンタイル値からのシフトが身長、体重併せて1.5チャンネル以上のもの。

"チャンネル"とは成長曲線上の成長区分帯（パーセンタイル曲線で区切られる区分帯）を意味します。たとえば、"1チャンネル以上のシフト"とは、各区分帯の境界線を横切ることを示します。

不健康やせの例をグラフに記入しました（図参照）。目安Ⅰと目安Ⅱのサンプルを示します。

パーセンタイル

100に分けたうちのいくつかを示すものがパーセントです。ある集団をある基準によって下から上に並べた場合（たとえば中学3年男児の身長）、下から積み上げたパーセントに当たる箇所をパーセンタイルと呼びます。通常、5、10、25、50、75、90、95など、きりのよいパーセンタイルが使われます。

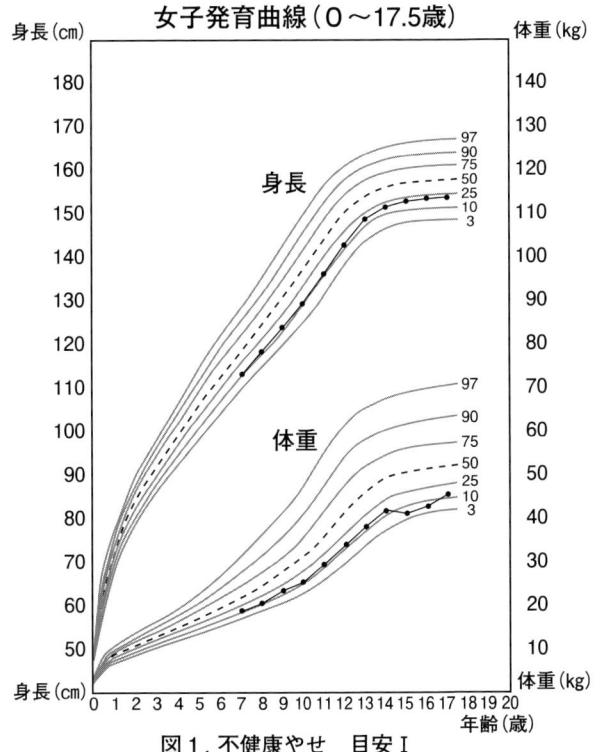

図1. 不健康やせ　目安Ⅰ

平成12年乳幼児身体発育調査報告書（厚生労働省）および平成12年度学校保健統計調査報告書（文部科学省）のデータをもとに作成

作図：加藤 則子、村田 光範

出典
文部科学省スポーツ・青少年局学校健康教育課「児童生徒の健康診断マニュアル（改訂版）」財団法人 日本学校保健会　2006年

目安Ⅰの図ですが、14歳から15歳の間で、体重が1チャンネル（以上）の下方シフトしていることがわかります。15歳の時点で不健康やせに気づくことが望まれる例です。

目安Ⅱの図（次ページ）ですが、体重が14歳から15歳の間にそれまでの区分帯を下方向に横切っています（体重の下方シフトは1チャンネル未満）。一方身長を見ると、15歳くらいから7歳（小1）時点の区分帯よりもひとつ上の区分帯に移行しているのがわかります（身長が上方にチャンネルシフト）。体重と身長の区分帯移動はおおまかにいえば併せて1.5チャンネル以上と見なすことができます。

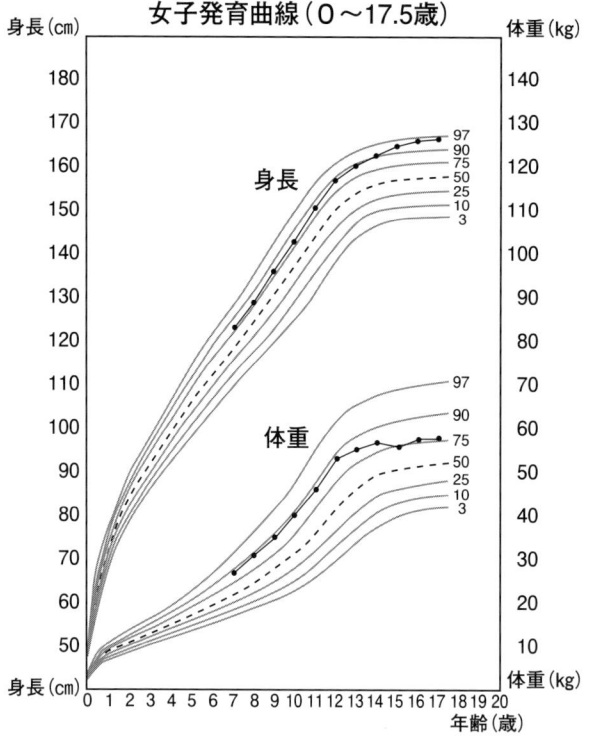

図2. 不健康やせ　目安Ⅱ

平成12年乳幼児身体発育調査報告書（厚生労働省）および平成12年度学校保健統計調査報告書（文部科学省）のデータをもとに作成

作図：加藤 則子、村田 光範

出典
文部科学省スポーツ・青少年局学校健康教育課「児童生徒の健康診断マニュアル（改訂版）」財団法人 日本学校保健会　2006年

●思春期やせ症のスクリーニング基準

　思春期やせ症のスクリーニングでは、子どもたちの基本的なデータを用います。腎臓病検診の「早朝第一尿」に当たるのが、思春期やせ症では、「身体計測値」と「徐脈」になります。この二つの項目を用いて早期発見につなげます。
　では、身体計測値と徐脈をどのように組み合わせてスクリーニングするのかについて下記の囲みに記述します。

思春期やせ症のスクリーニング基準

基準①「肥満度が－15％以下および体重発育曲線が1チャンネル以上に下方シフトすること」

基準②「徐脈（60／分未満）が観察されること」

この①と②の２つが満たされる場合に、思春期やせ症が疑われます。

　肥満度や体重発育曲線については、年に１度の健診（身体計測）のデータを用いることになります。まず①の中の肥満度ですが、以下の式により求められます。

　なお、式に出てくる「実測体重」とは実際に健診で計測した体重データです。「身長別標準体重」とは、実際に健診で計測した身長「実測身長」と、表１の中から対象者の年齢と性別の欄に書かれているａの値とｂの値（係数と呼びます）を用いて計算します。

肥満度＝〔実測体重（kg）－身長別標準体重※（kg）〕÷身長別標準体重※（kg）×100
※身長別標準体重（kg）＝ａ×実測身長（cm）－ｂ
　（式中のａ、ｂは表１を参照してください）

表１．身長別標準体重算出時の係数（５歳〜17歳）

		係　数			
		男		女	
		a	b	a	b
年齢	5	0.386	23.699	0.377	22.750
	6	0.461	32.382	0.458	32.079
	7	0.513	38.878	0.508	38.367
	8	0.592	48.804	0.561	45.006
	9	0.687	61.390	0.652	56.992
	10	0.752	70.461	0.730	68.091
	11	0.782	75.106	0.803	78.846
	12	0.783	75.642	0.796	76.934
	13	0.815	81.348	0.655	54.234
	14	0.832	83.695	0.594	43.264
	15	0.766	70.989	0.560	37.002
	16	0.656	51.822	0.578	39.057
	17	0.672	53.642	0.598	42.339

出典
文部科学省スポーツ・青少年局学校健康教育課「児童生徒の健康診断マニュアル（改訂版）」財団法人 日本学校保健会　2006年

次に基準①の体重ですが、こちらについては図3にサンプルを示しました。本例では13歳から15歳の間で、成長区分帯（チャンネル）が2つ分降下しているのがわかります。この例において、基準②の徐脈が観察されるようでしたら、思春期やせ症が疑われます。

　なお、基準②の徐脈の存在については、日常の健康観察や保健体育などの担当教諭から情報を得ることになりますので、教職員の間で情報を共有できる環境をつくっていく必要があります。

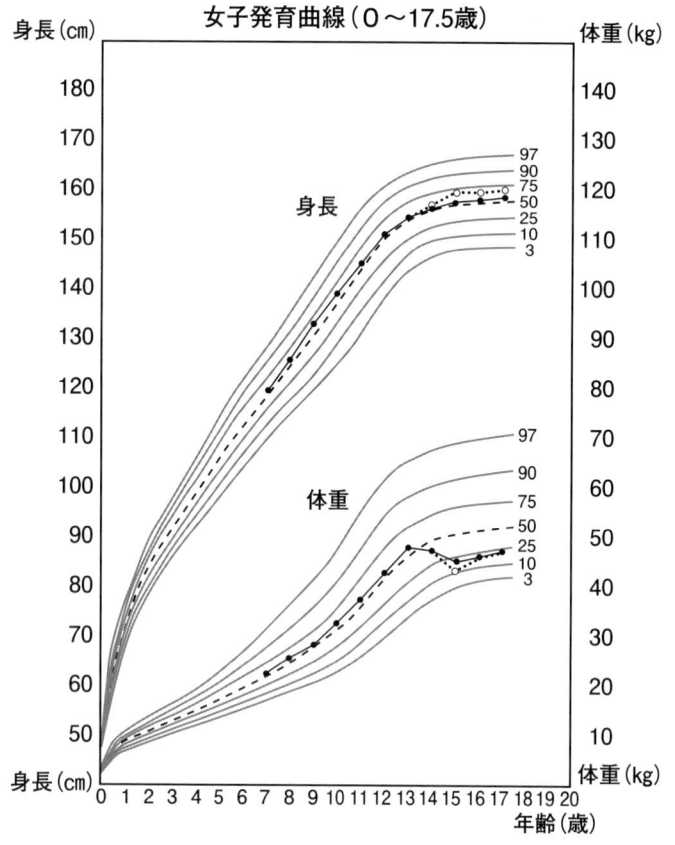

図3．思春期やせ

身長もしくは体重に関して、低い（軽い）方からどの程度の範囲（％）に入るかがわかるように、各年齢の同じ％のところを結んだものを下から3％、10％、25％、50％、75％、90％、97％で示しています。
――●――は、ある子どもの各年齢における実際の計測値を結んだものです。この線が、実践を横切ると「チャンネルを超える」と表すことにします。
‥○‥の箇所は、身長は同一チャンネルを維持していますが、体重はチャンネルを下向きに超えているのがわかります。

平成12年乳幼児身体発育調査報告書（厚生労働省）および平成12年度学校保健統計調査報告書（文部科学省）のデータをもとに作成

作図：加藤 則子、村田 光範

出典
文部科学省スポーツ・青少年局学校健康教育課「児童生徒の健康診断マニュアル（改訂版）」財団法人 日本学校保健会　2006年

●思春期やせ症スクリーニング詳解

　本項では思春期やせ症のスクリーニングについて、学術的な専門用語を使って解説しながら理解を促していきたいと思います。

　どんなスクリーニングでも必ず見落とし（偽陰性）と見立て間違い（偽陽性）が存在します。それをどちらもゼロにすることは難しいということが学術的にわかっていますので、そこを保護者の方々や教職員の方々に説明していただく必要があります。

　スクリーニングの性質を見る際には、鋭敏度（感度）と特異度の二つの指標を取り上げるのが基本です。また、スクリーニングは、実は有病率によっては（それが低い場合には）、陽性反応的中度という概念が極めて重要になってきます。以降ではこれらの専門用語を解説しながら実際の思春期やせ症スクリーニングをみていきます。

　次ページの表1は、学校保健現場において活用可能な思春期やせ症のスクリーニングの評価値（感度・特異度）です。感度は、思春期やせ症の子どもを「正しく」陽性と判定できる割合を示し、特異度とは、思春期やせ症ではない子どもを「正しく」陰性と判定できる割合を示しています。

　判定基準1「肥満度－15％以下、及び体重発育曲線が1チャンネル以上、下方シフト」における感度は100％となっています。つまり、この判定基準①を用いてスクリーニングテストを行った場合には、思春期やせ症の子どもを100％「正しく」陽性と判定することができることを意味します。一方で、判定基準①の感度は76％となっています。これは、思春期やせ症ではない子どもを76％「正しく」陰性と判定することができることを意味しています。言い換えると、思春期やせ症ではない子どものうち、24％を「誤って」陽性と判定してしまうことになります。次に、判定基準②「徐脈（60／分未満）」における感度は83％、特異度は95％となっています．判定基準1と比べると、感度は

スクリーニング感度の調節
スクリーニングの感度（鋭敏度）は高ければ高いほどよいのでしょうか。本文を読んでいただければわかるように、決してそうではありません。特異度はどうなっているのか、陽性反応的中度はどうなっているのかなど、スクリーニングの特性をどうバランスさせるのかがとても重要なのです。検査方法や判定基準が変わった場合には、これらにどのような影響があるのかを検査担当機関に問い合わせてみるのもよいでしょう。

低くなっていますが、特異度はより高くなっています。そして、判定基準1と判定基準2を併せて実施した場合（判定基準3）には、どちらの基準も満たす子どもを「陽性」とすると、感度は83％、特異度は99％となります。

表1.「やせ」・「徐脈」を指標とした思春期やせ症スクリーニングの感度、特異度

検討項目	感度（％）	特異度（％）
肥満度−15％以下、及び体重発育曲線が1チャンネル以上、下方シフト	100	76
徐脈（60／分未満）	83	95
上記2項目を満たすもの	83	99

思春期やせ症の有病率は約1％であると報告されています(注7)。表2は有病率が1％（10,000名の生徒のうち、100名が思春期やせ症）の集団に、判定基準1、判定基準2、そして、判定基準1と2を併用した判定基準3、の3つのパターンのスクリーニングを実施した場合の結果を示しています。

注7
参考文献：厚生労働科学研究（子ども家庭総合研究事業）思春期やせ症と思春期の不健康やせの実態把握および対策に関する研究班著『思春期やせ症の診断と治療ガイド』文光堂刊　2005年

表2. スクリーニング検査の評価値による違い

(判定基準1：感度100%、特異度76%の場合)

		医療機関での受診結果（人）	
		＋	－
スクリーニング検査結果	＋	100	2376
	－	0	7524
	合計	100	9900

(判定基準2：感度83%、特異度95%の場合)

		思春期やせ症の診断結果（人）	
		＋	－
スクリーニング検査結果	＋	83	495
	－	17	9405
	合計	100	9900

(判定基準3：感度83%、特異度99%の場合)

		思春期やせ症の診断結果（人）	
		＋	－
スクリーニング検査結果	＋	83	99
	－	17	9801
	合計	100	9900

　判定基準1のみを適用した場合では、感度が100%ですので、スクリーニングテストによる見逃し（偽陰性と呼ばれる）は生じません。しかしながら、特異度が76%と低いので、2,376名（全体の約25%）の子どもが誤って陽性（疑陽性と呼ばれる）と判定されることになります。疑陽性がどの程度の割合で生じてしまうのか、ということはスクリーニングテストを実施する際にとても重要な用件になります。あまりに多くの誤判定は検査自体の意味を低下させ、さらには要らぬ不安を子どもに生じさせてしまうことになります。「スクリーニングテストで陽性と判定された者のうち、本当に疾病を有しているが何人いるか」という指標

は、専門的には「陽性反応的中度」と呼ばれます。判定基準１の場合の陽性反応的中度は、100÷（100＋2376）＝4.0％となります。この「４％」という数値は、たとえば、学校でのスクリーニングによって陽性と判定された100名の子どもを専門の医療機関で診断した場合、実際に思春期やせ症と判定されるのは４名しかおらず、残りの96名は不要な診察を受けたことになります。

　次に判定基準２のみを適用した場合をみると、見逃される子どもが17名生じてしまいます。その一方で、判定基準２の特異度は95％と高いため、誤って陽性と判定される子どもは495名（全体の約５％）と判定基準１のみを用いた場合よりもよい（誤判定が少ない）結果となっていますが、陽性反応的中度は14.4％にとどまります。そして、判定基準１と２を併用した場合、感度は判定基準２と同じですので、見逃される子どもが17名生じてしまいますが、特異度は99％と高いため、誤って陽性と判定される子どもは99名（全体の約１％）となります。この場合の陽性反応的中度は45.6％となり、表２に示した３つのスクリーニングテストの中で最もよい値（無駄に診察を受ける生徒が少ない）となります。

　では、どのスクリーニング判定を用いるのがよいのでしょうか。一般に複数のスクリーニングテストを量的に評価する方法としてＲＯＣ（receiver operating characteristic）曲線による方法があります。表２に示した３つのスクリーニングテストについてROC曲線を描くと図４のようになります。各曲線の下側の面積が大きいものほどよいスクリーニング検査とされています。この場合には、「判定基準１と２を併用（面積＝0.910）」「判定基準１のみ（0.895）」「判定基準２のみ（0.880）」の順となります。先ほど示した例でも、「判定基準１と２を併用した場合」の陽性反応的中度も45.6％と３つのスクリーニング基準の中で最も高い値を示していました。

　しかしながら、思春期やせ症のような予後のよくない病

陽性反応的中度

本文でも示されていますが、スクリーニングの手法や用いる判定基準によっては、陽性反応的中度が大きく変わってきます。学校におけるスクリーニングすべてに当てはまることですが、スクリーニング（検査）結果が陽性であったということが、疾患ありということに即結びつくわけではありません。スクリーニングの持つ特性を教職員や保護者の方々に理解してもらえるように保健だよりなどでご説明していただければと思います。

気の場合は、スクリーニングテストで見逃してしまう子ども（偽陰性）を軽視することができないと思います。ですので、学校現場では、「判定基準1と2を併用」することが可能な場合、「どちらの基準も満たす生徒」を「思春期やせ症が疑われるケース」とするのに加えて、「判定基準1」のみを満たすケースも「思春期やせ症が疑われるケース」としてフォローしていくことが重要であるといえます。

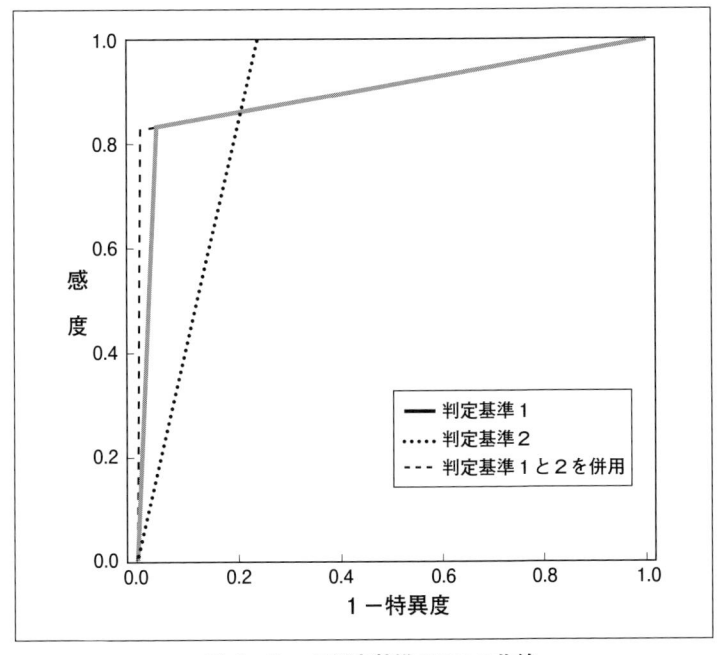

図4．3つの判定基準のROC曲線

参考文献
中村好一『基礎から学ぶ楽しい疫学』
医学書院刊　2005年

●診断基準の考え方

診断基準の基本的な考え方

不健康やせを判断する目安によって学校などから紹介を受けた医療機関では、次のような考え方で診断を行うことになります。

（1）成長曲線の作成
（2）体重増加不良による身体症状の評価
（3）ほかに身体的な病気が原因ではないか鑑別診断する
（4）診断基準を満たすかを検討する

○第3章2．スクリーニングと思春期やせ症．不健康やせを判断する目安（32ページ）参照

（1）成長曲線を用いた身体発育の確認

学校での身体計測の記録がとても役に立ちます。また必要であれば、母子健康手帳などにある幼児期データとつなげることで、より詳しい情報が得られます。

評価の考え方は、学校で行われるスクリーニングと同じく「肥満度が－15％以下及び体重発育曲線が1チャンネル以上に下方シフトすること」の基準で考えますが、次に示すような身体症状が明らかな場合や、問診から体重やカロリー摂取へのこだわり、身体像のゆがみが疑われるときには、積極的に診断を進めます。

（2）身体症状の評価

徐脈（60／分未満）、低血圧、低体温、皮膚の乾燥・黄色化、産毛密生（背中など）、脱毛、手足の冷感、チアノーゼ、褥瘡（じょくそう）、便秘、浮腫、無月経、記憶力・集中力の低下などの所見の有無や程度について、診察や問診から判断します。

無月経は、成人では重要な判定項目ですが、小児では判断が難しい項目です。徐脈は比較的早期から認められるためスクリーニング項目にもなっています。

こうした身体症状が出現している場合は、体重減少はかなり進んでいることが多く、早急な対処が求められます。体重減少が強度の場合、チアノーゼや褥瘡、浮腫などの所

見を認めるときには、診断よりも先に治療を開始します。

（3）ほかの身体的な病気が原因ではないかを鑑別診断する

血液検査、画像診断などにより、脳下垂体腫瘍、悪性腫瘍、口腔消化器疾患、感染症や糖尿病、甲状腺機能亢進症、膠原病などの疾患が、体重減少の原因でないかを確認します。

（4）診断基準を満たすかを検討する

小児用診断基準（Laskら：①～③を満たすときに診断）が推奨されています。
①頑固な拒食
②思春期の発育スパート期に身体・精神疾患がなく体重の増加停滞・減少がある。
③以下のうち2つ以上がある
　・体重へのこだわり　・カロリー摂取へのこだわり
　・ゆがんだ身体像　・肥満恐怖　・自己誘発嘔吐
　・過度の運動　・下剤の乱用

精神科領域で広く用いられているDSM-Ⅳ-TRの基準は小児には推奨されません。

参考文献
厚生労働科学研究（子ども家庭総合研究事業）思春期やせ症と思春期の不健康やせの実態把握および対策に関する研究班著『思春期やせ症の診断と治療ガイド』文光堂刊　2005年

3．実際の現場での医師の判断

（1）診断基準と現場の判断とのずれ

　医師が行う診断や治療は、医師が一定の基準で診断し、その診断を根拠にエビデンスに基づいて最も有効であるとされた治療法を患者家族に示し、その同意と納得のもとで実行されるのが理想的です。

　しかし実際の診療場面では、理想通りにはいきません。

　まず、多くの患児は、やせ願望をあからさまに語ることはありません。体重へのこだわりやカロリー摂取のこだわりを直接に聞き出すことはなかなか困難で、親の問診や入院後の行動観察から判断することがほとんどです。

　かなり身体所見が進むまでは、患児は元気そうに活動し、やせていることに無頓着、あるいはかえって調子がいいといい張る、利発で元気はつらつであることが、体重減少による見かけとはアンバランスであることを手がかりとすることも少なくありません。

　また、治療に当たっても、本来、患児と治療者との信頼関係を結んだうえで、病気であることが理解できるよう丁寧に話し、親も含めて十分に理解したうえでの対処が必要ですが、実際には、身体所見がかなり進んでからの受診が多く、対症療法を優先せざるを得ないことが少なくありません。学校でのスクリーニングによって、身体症状が進まないうちの早期に紹介を受けることが円滑な治療のためにも必要です。

（2）診断に有益な情報

　親にとっても、わが子が思春期やせ症であることは認めがたいことです。親が見て見ぬふりをするうちにどんどんやせていき、深刻な状態になってから大慌てで受診することも少なくありません。拒食に至る背景には、乳幼児期からの見捨てられる不安や自信のなさなど、患児と親との関係性の問題があります。保健室での子どもとの語らいの中で、ふと漏れ出る子どもの気持ちや親とのエピソードなど

が、診断に有益な情報となります。

　また、退院後の学校生活が患児にとって安心できる場所となるためにも、学校での身体計測によるスクリーニングは、計測値の増減のみを問題にするのではなく、子どもの気持ちをしっかりと受け入れ、信頼関係をつくる努力があってこそ有効な手段となります。

　子どもたちの毎日の学校生活を支え・育む養護教諭や学級担任は、病気の診断や治療にも大きな役割を果たすことができます。

3．身体計測からのスクリーニング

●身体計測値の記録と連結

　学校において身長と体重は最低でも年に1度は把握されています。子どもたちの身長と体重は春の健康診断では必ず計測され、それらのデータは記録から報告という流れに乗ります。

　身長と体重は、法令によりほかの健康診断データなどとともに、校種を超えてバトンパスされていきます。ある子どものデータは、小学校から中学校へバトンパスされ、さらにその子が高校に進学した場合にはその高校へ情報が受け渡されていきます。つまり高校では、高校における健診データのほかに、小学校時のデータと中学校時のデータが保管されているはずです。

　健診情報の保管形態によっては、データが活用しやすい場合とそうでない場合があります。データが活用しやすい場合とは、小学校、中学校、そして高校時点のデータが、一人ひとりの子どもについて"連結"されている場合です。この"連結"は、現実的にはパソコンなどのIT環境によって実現されます。この"連結"ができている高校は、全国でも多くはありません（小中は同一シートを利用している場合が多いようです）。

　健診データが連結されている場合には、そこから経時的な状況や推移を把握することができます。本稿の思春期やせ症や不健康やせにとどまらず、子どもたちの心身の健康に関するとても多くのことが見えてきますし、自分自身で分析が可能となります。健診データはたいへん貴重な情報です。これら情報の利活用に関して学校保健以外の分野でも新たな取り組みが進んでいます。高校において（中学校においても）、小学校や中学校のデータがそれぞれ別々に保

データ連結

データ連結の方法は大きく分けて2つあります。エクセルのデータをイメージして説明します。①1枚のエクセル・ワークシートにおいて、1行（横方向です）に1人の児童・生徒のデータを連結していくイメージです。いわば、ひとつの台帳に、小学校のデータと中学校のデータ、さらには高校のデータを書き込んでいくイメージです。②データの入っているワークシートは別々となっていても、ある1人の児童・生徒に共通のIDが入力されているイメージです。この場合、物理的な連結はされていませんが、連結が可能な状態でデータが存在するということです。いわば、小学校の台帳と、中学校の台帳、そして高校の台帳が別々に存在するのですが、子どものIDは小中高で統一してあるというイメージです。

管されているという形態について見直す時期に来ています。

●学校における流れ

子どもに過剰な不安や心配をさせる必要はありませんが、思春期やせ症においては早期発見が何よりも重要です。学校現場において、思春期やせ症を早期に発見するためには、「定期健康診断結果の確認」と「日々の気づき」が大切です。

定期健康診断結果の確認

子どもの成長過程を確認するため、毎回の身体測定結果を用いて身長の伸び、体重の増加を確認してください。身長の伸びに見合った体重増加が認められない子どもや、著しく体重が減少していた子どもについては成長曲線を描いて、身長や体重の変化を視覚的に確認してください。ソフトウエアを使えば、より簡単に成長曲線を描くことができます。

日々の気づきから

学校での日常生活の中にも、子どもたちの思春期やせの兆候に気づくことがあります。たとえば、夏服に衣替えしたときに、過剰に細くなっている腕に気づくことがあります。体育の時間や運動会などのときに異常に疲れている様子が観察されることもあるでしょう。異常なほどの息切れや頻脈なども兆候のひとつといえます。また、外見的には過剰な目のくぼみや頬のこけなども注意点です。さらに、校外学習などの宿泊を伴う学校行事の際には、食行動の異常が顕著に現れます。過剰なダイエットをしていると精神的にも不安定になる傾向にあります。このような点に注意を払ってください。もし、ちょっとでも気になる瞬間があった場合には、担任と相談するとともに、直近の身体計測の結果とこれまでのデータを参照し、成長曲線を描いてみてください。必要に応じて、検温など、ほかの理由で保健室へ来室させて脈拍数の確認と身長・体重測定を行うようにしてください。

●身長・体重成長曲線の作成

　成長曲線とは、縦軸に身長・体重を、横軸に年齢をとったグラフです。グラフの中にはあらかじめ7本の曲線が描かれています。これは、全国平均と比べた際の身長・体重の位置を知るのに役立ちます。仮に全国平均値と一緒であれば平均と書かれた曲線上に個々の値がプロットされます。ちなみに、±1SDの範囲に約68％の人が存在しています。思春期やせのスクリーニングとしては、子どもたちの身長や体重が平均と比べてどうであるかよりも、身長・体重の変化に注目します。たとえば、あらかじめ引かれている7本の曲線を横切るような変化がないかに注目します。成長曲線を描く方法としては、手書きによる方法とソフトウエアを利用する方法がありますので、以下に簡単に紹介します。

手書きによる方法

　手書きにより成長曲線を描く場合は、巻末の成長曲線シートもしくは日本小児内分泌学会のホームページにある「子どもの内分泌疾患とは？ 低身長について」からPDF形式の成長曲線シートをダウンロードして活用してください。

　個々の成長曲線作成には、定期健康診断のデータを使用します。成長曲線シートの横軸上に当該年齢の目盛りを探し、次に縦軸の目盛り（cmとkg）を見ながら年齢ごとの身長・体重をプロットします。すべてのプロットが完了したならば、最後に滑らかな曲線でプロットした点を結びます。本来、曲線は発育に伴って右斜め上方向に向かってカーブを描きます。ここで、曲線の形状が水平や下降線を描いていたら注意が必要です。特に、あらかじめグラフ上に引かれている7本の曲線を横切っている場合（曲線を1本下に横切ることを1チャンネル下方シフトと呼びます）は、思春期やせ症や不健康やせが疑われます。肥満度の確認が必要です。

⇨日本小児内分泌学会
　http://jspe.umin.jp/

専用のソフトウエアを利用する方法

専用のソフトウエアを2つご紹介します。

1）「子どもの健康管理プログラム」

　このソフトウエアは（財）日本学校保健会から推薦されています。成長曲線のほかに肥満度の判定なども同時に行うことができます。インターネットから注文することができます。

2）「発育評価支援ソフトUpsee」

　このソフトウエアは、pfizer株式会社から出されています。成長曲線のほかに肥満度判定曲線や身長SDグラフも描画できます。なお、非売品の扱いとなっています。

⇨（財）日本学校保健会
　http://www.shobix.co.jp/paru/

⇨ファイザー株式会社Upseeサポート窓口
　ＦＡＸ：03-5309-9196

●標準体重を用いた肥満度判定

　肥満度（％）＝（実測体重－標準体重）÷標準体重×100

　成長曲線に1チャンネル以上の下方シフトがみられ、かつ、肥満度が－15％以下になると、思春期やせ症が強く疑われます。なお、標準体重は、性別、年齢別に求められます。詳しい計算式は前節をご参照ください。

○第3章2．スクリーニングと思春期やせ症（35ページ）参照

●学校から医療機関へ

　思春期やせ症が疑われる子どもについては、至急、校医や近隣の医療機関へ相談する必要があります。その際に重要なことは、子どもの身長・体重成長曲線を提示することです。それにより、医療機関側も初診時の応対がしやすくなります。また、子どもやその保護者に医療機関への受診を勧める際に、「思春期やせ症の疑いがある」と伝えてしまうと受診拒否される場合があります。そのような場合は、無月経などのほかの身体症状の精査を受診の目的として紹介するとよいでしょう。

参考文献
厚生労働科学研究（子ども家庭総合研究事業）思春期やせ症と思春期の不健康やせの実態把握および対策に関する研究班著『思春期やせ症の診断と治療ガイド』文光堂刊　2005年

ケース3

◆あらまし

小学4年女子C。Cは4年の3学期ごろから異常に排便、特に便秘を気にするようになりました。排便がない日は腹部が真っ赤になるほどこすり、便秘だといって泣いたり、怒鳴ったりして母親に当たるようになりました。そして、「便秘は食べ物が体にたまるため太る」といって、食事も食べないようになりました。太ることは低学年のころから気にしていました。

気づきの視点
排泄行動。顕著な便秘、または便秘や排便に対するこだわりなどに注意したいものです。

◆気づきと支え

Cの1年のころからの体格の変化は次のようでした。

	1年	2年	3年	4年	5年	6年
身長(cm)	116.5	122.4	127.4	134.1	137.2	138.3
体重(kg)	18.1	20.3	22.7	25.7	26.3	25
肥満度	−14.9	−14.7	−14.2	−15.6	−19.0	−24.7

身体計測からのスクリーニング
身長・体重データの活用。肥満度計算による分析。

4年1月の身体測定後、保健室から保護者へ体重減少についてのおたよりを出しました。しかし、Cは母親に見せずに処分していたこと、またそれ以前も各測定後に全校児童にそれぞれ配布する身体測定結果も自分で処分していたことが、その後の母親との面接から明らかになりました。Cの母親は、弟の入学説明会で子どもの健康についての養護教諭の話を聞いて、Cのことを相談しようと考え、養護教諭に電話をかけました。それをきっかけに、母親と養護教諭との面接が始まりました。また、ちょうど同じ時期にCによる同学級の女子児童へのいじめがその児童の登校渋りや、保健室登校により発覚していました。

母親との面接で、体重の減少が目立ち、身体の健康への危険があるため専門機関への受診を勧めました。初めは受

診について抵抗感を示した母親とCも、小児科ならと承諾をしました。そして、総合病院の小児科を受診し、治療が始まりました（養護教諭は4月に転勤になったため、その後Cの体重減少がひどくなり、入院治療したことを後日伝え聞いています）。

◆振り返り

この事例では、母親からの相談と身体測定の結果が発見の契機となりました。

思春期やせの早期発見のためには、身体測定における成長のチェック、特にその時点の計測値だけでなく、継続的なチェックとデータの活用をすることが必要です。体重が増えていても身長とのバランスを見るとやせが進んでいる場合もあります。そのため、身長と体重の計測値から肥満度を計算して、多面的に成長データを分析する必要もあります。

また、この事例のように保護者が子どもの健康について気軽に相談できるよう、保健室、養護教諭、さらには学校の相談体制を日頃から充実させておくことも大切といえます。そのときには、思春期やせについての情報や子どもの成長の見方などもほけんだよりに掲載するなどして、保護者に発信しておくとよいでしょう。

また、学級内でのいじめもCの不安定な精神状態の表れだったと考えられます。いじめなど学級での生活の様子の変化も、学級担任と養護教諭は日ごろから情報交換できるようにしておくことの大切さも感じられました。医療機関へのスムーズな受診のためには、本人や保護者の受診への心構えによってまずは身体疾患としての受診を勧めたほうがよい場合もあります。精神科や心療内科に抵抗感を示したこのケースでも、「小児科なら」と受診につなぐことができました。学校は、幅広く対応できるように、日ごろから連携できる小児科、病院をリストアップしておく必要もあります。

医療との連携
まずどこに受診するのがよいのでしょうか。
○第4章1. 医療との連携（58ページ）参照

学校生活での気づき
いじめ。子どもの不安定な心がやせと同時にいじめという形で表れています。

ケース4

◆あらまし

　小学5年男子D。2学期の中ごろから体調不良、かぜなどの理由での欠席がみられるようになりました。また、その欠席は数日続くこともありました。それまで、ほとんど欠席したことがなかったこと、欠席の理由が発熱を伴うなど症状の明確なものではなく、「体調が悪い・気分がすぐれない」など不定愁訴であったことが養護教諭として気になりました。そして、徐々に体重の減少がみられるようになりました。

◆気づきと支え

　身体測定の結果は次のようでした。

	5年4月	5年9月	5年1月	6年4月	6年9月
身長(cm)	143	146.9	151.4	154.3	157.4
体重(kg)	44.8	47.3	46.9	43.9	46.8
肥満度	20.8	18.3	8.1	−3.7	−2.5

　欠席の様子が気になったため、5年の1月の身体測定後、体重の減少と欠席について母親に話をしましたが、「部活動で頑張っているから疲れただけ。大丈夫」と言われました。

　担任に学級での様子を聞くと、欠席の様子とともに、突然奇声をあげたり、暴れたりするなど不安定な言動の様子も気になっているとのことでした。

　6年になってさらに体重の減少がみられたため、心身の健康の心配があることを、再度担任と養護教諭から、母親に連絡しました。しかし、「病院で検査をしてもらったが、身体上の異常はなかったので大丈夫です」との返事で、話し合うことができませんでした。

　そこで、1学期の内科検診の際、学校医にDの様子につ

学校生活での気づき
出欠席の状況、身体計測の結果の継続的な分析、学級での子どもの言動に関する担任からの情報などから、子どもの変化を見逃さないようにします。

医療との連携
学校医との連携。小学校では学区近辺に開業している学校医が多いため、子どもの生活に身近な医療機関のひとつです。専門医への受診に抵抗感が強い場合は、医療機関受診につなげる入口になりやすく、また、学校生活の状況についての理解・協力を得やすいのです。

いて相談しました。学校医はD家のかかりつけ医でもあったため、学校医からも母親に体重減少による身体の健康に及ぼす危険について話してもらいました。また、学校医から、中学生の兄が不登校気味で抜毛が激しいという情報を得ました。そこで、中学校のスクールカウンセラーに連絡をとり、情報交換と対応について話し合いをしました。兄弟の心身のケアを小・中学校が連携して行うことにしました。

　また、これまでの経過から母親は兄弟ともに心身の状態をそれぞれの学校へ知られたくないようだったため、かかりつけ医でもある校医を窓口にすることにしました。そして、校医から大学病院への受診を勧めてもらい、兄弟ともに受診するに至りました。その後、9月に入り、体重の減少が止まりました。

◆振り返り

　この事例での発見は、出欠席の状況、学校での子どもの様子と身体測定の結果でした。

　身体測定は、このケースのように発見のひとつのきっかけとなるといえます。このケースでは、初め肥満度の値は軽度肥満に近いほどであったにもかかわらず、徐々に減少し、マイナスになっていきました。また、それと同時に出欠席の状況や学校での言動など、子どもの様子をよくみて「何かいつもとちがうな」という教師の気づきも大切です。

　このケースでは、校医やスクールカウンセラー、中学校などその学校の教師以外の機関・人材との連携も発見の契機とその後の支援に大きく機能しています。子どもに関わる人材をうまく活用できることが重要であり、養護教諭はそのコーディネーターとして子どものためには何が・誰が必要かを判断し、つなぐネットワークを持つべきであると考えます。

ケース5

◆あらまし

中学3年女子E。「健康診断結果通知」に「少し肥満傾向です。注意しましょう」という健康診断統計ソフトが自動的につけるコメントが記されてあったことがきっかけになり、やせ願望を持ちました。6月に結果通知が手元に届き、その後7月上旬から食事をほとんど食べなくなりました。9月ごろから夜中などに隠れて食べる行動もみられるようになりました。

未然に防ぐための取り組み
第2章2．子ども自身・子どもの学校生活への視点（18ページ）を参照。

◆気づきと支え

9月上旬、Eが昼食時にお弁当ではなくクラッカーのようなものしか食べていないことをクラスメートから担任が聞き、本人に確認したところ「ダイエットしている」と答えました。担任はその様子が気になったので、養護教諭に相談して母親にも連絡をしました。

母親もEのダイエットに困っていたため母親の希望で、担任・養護教諭・母親・Eの4人で面接の日程が調整されました。面接では過度のダイエットが健康に及ぼす影響などを説明しても、「クラスの友達はみんなすごくやせていても、健康で部活もしている、だから私もやせても大丈夫」と学級の友達の容姿に対する憧れや羨望がある様子でした。母親や養護教諭が、「誰にでも個性があって、みんなそれぞれチャーミングだよ」というような話をしましたが、そのようなありきたりな話は心に響いていませんでした。その日は、Eに「定期的に保健室に様子を報告に来ること」を約束し、面接を終了しました。

2週間後、「先生たちが健康のことを心配していたので、運動でカロリーを消費するため、近くの市民プールに通っている」と報告に来室しました。Eは顔色が前より悪く、

学校生活での気づき
第3章1．学校生活での気づき（28ページ）を参照。

生気がなくなっていました。そこで、担任も呼んで一緒にEの状況を把握しました。すると、炭水化物を全く摂取せず、プールでかなりの距離を泳いでカロリーを消費しようとしていたことが明らかになりました。心身の健康の危険がみられたため、学校に定期的に来ている臨床心理士によるカウンセリングを勧め、まずは1回目の予約を入れました。2回の面接後、カウンセラーの要請で母親・担任も来てもらい、専門機関への受診を勧められました。

　病院を1回受診しましたが、継続受診には至らず、その後、3月まで月1回程度、担任・養護教諭・母親と連絡をとり合い、経過観察をしたところ徐々に食行動が正常になっていきました。

	中学2年	中学3年	高校1年	高校2年
身長(cm)	152.6	153.1	154.0	153.9
体重(kg)	48.0	52.2	44.8	52.0
BMI	20.6	22.3	18.9	22.0

◆振り返り

「少し肥満傾向です。注意しましょう」という健康診断結果通知の文章が、ダイエットのきっかけとなった事例です。容姿や友人関係に敏感な時期には、成長に関する表現には注意が必要です。その年代では、最も気になる身体計測の値の通知には、それらを自分の成長の証しとして受け止められるような表現方法を、発達段階に合わせて工夫すべきです。

　また、Eのダイエット行動はEの食行動の変化に気づいたクラスメートの話から明らかになっています。学級担任や養護教諭は、教師自身が子どもの食行動などを学校生活の中で思春期やせに気づくことができるようにするとともに、生徒とのコミュニケーションを普段から図り、情報収集につとめるなど子どもたちの変化を受信できるアンテナを高くしていくべきです。

体格指数

　子どもの体格指数としては、BMI、ローレル指数、肥満度の3つが挙げられます。BMIは計算方法からもカウプ指数と同じといえます。それぞれの計算方法は、
BMI＝(体重÷身長の2乗)
ローレル指数＝(体重÷身長の3乗)
肥満度(％)＝(実測体重－標準体重)÷標準体重×100
です。

　BMIとローレル指数は、身長の2乗や3乗を用いているため、身長の影響を強く受けてしまいます。また、思春期の子どもたちは成長期にあり、成長の速度も個々で大きく異なります。そのため、たとえばBMIの成人平均値である22を用いて子どもの体格を評価するとおかしなことになります。ローレル指数においても同様です。このような問題を解消するためには、それぞれ、年齢別のパーセンタイル値が用いられています。上記のような問題点を考慮して平成18年度から学校保健では、体格指数としては肥満度に統一されました。

第 4 章

思春期やせ症を「支える」

　思春期やせ症の治療には、医療機関・学校そして家族の協力が必要です。協力が円滑に進むには、子どもの学校生活を支える養護教諭や担任などの学校関係者の役割が欠かせません。本章では、思春期やせ症の治療を受ける子どもと家族を支えるための学校と、医療機関も含めた関係機関との連携のあり方が明らかとなります。

1. 医療との連携

●問題行動に対する学校と医療の見え方の違い

　思春期やせ症は、こころの問題を行動に変えて表現しています。リストカットなどの自傷行為もまれではありません。こうした問題行動に対して、学校と医療とでは、現場での見え方が違っています。

　まず、学校はいじめや不登校などの問題行動が現れる場であり、即時の対処が求められます。日々の学校生活で起きるひとつひとつの問題への対応が必要です。学校生活そのものがストレスである場合は当事者としての関わりが必要です。また「性の逸脱行動などあってはならない」という頑強なそもそも論や、「体に病気がないのにやせるだけで死ぬなんてあり得ない」との誤解もあります。

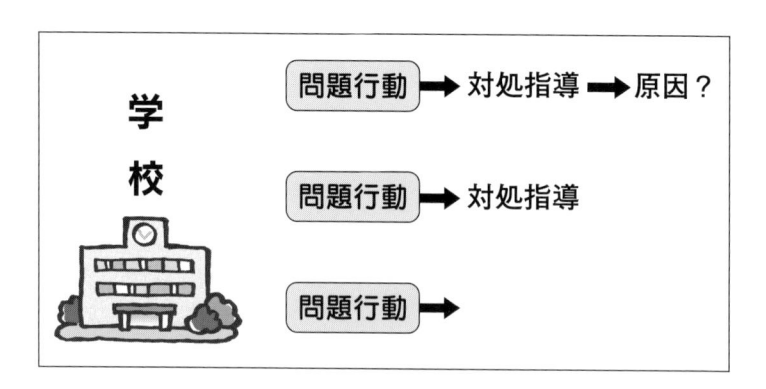

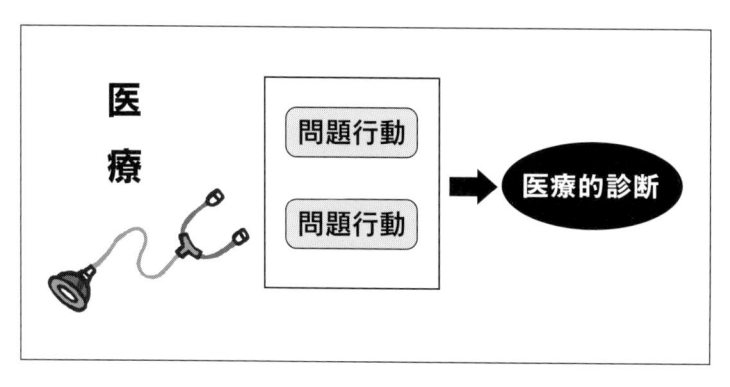

学校　問題行動 → 対処指導 → 原因？
　　　問題行動 → 対処指導
　　　問題行動 →

医療　問題行動　問題行動 → 医療的診断

一方、医療現場では、子どもの行動は過去形で語られます。診察行為という強固な枠の中で、医療者は少なくとも子どもの行動の当事者ではありません。したがって、まず、なぜなのか？ と要素還元的に分析することから対応は始まります。本人や保護者、教師や学校の特性、相互の関係性、子どもが育った状況などに注目してこころの問題を解きほぐします。思春期やせ症の身体的な特徴は誰の目にも明らかです。しかしこころの問題は複雑でつかみどころのない場合もあります。学校は医療と連携することで、子どものこころの困難さを理解することができます。

●学校医との連携

学校医は、医療的問題について助言、指導することができます。ただ現実には極めて密な連携をとっている学校もあるものの、連携を機能させるためには、養護教諭や保健主事などの学校保健担当者側からの学校医への働きかけが有効です。

たとえば、本書で示している成長曲線のデータを学校医に提供し、個別の指導を受けることが、早期発見にも役立ちます。

●まずはどこを受診するのがよいか

思春期やせ症の子どもは、こころと体の両面での治療が必要です。現在の状況では、よほどやせが進まないと医療機関に治療を求めない場合が多くなっています。この場合は、まずは身体的な診断や治療のために病院の小児科、内科などを受診することが多いものの、早期であれば、開業小児科医院などでの対処も可能です。こころの問題への対処には児童精神科医との医療機関同士の連携が必要ですが、子どものこころの専門家である児童精神科医は、小児科医に比べ数が少なくアクセスが困難です。

ただ、小児科医の専門性は多種多様です。こころの問題に上手に対応できる小児科医も増加しつつあります。また

児童精神科医
子どものこころの問題を専門とする精神科医。成人の精神疾患を診療する精神科医や心療内科医に比べても、その絶対数は少ないのです。

現実には、対応が可能なところと困難なところがあります。

こうした医療機関の情報は、地域の医師がよく知っています。そうした情報の入手を学校医に相談することも可能です。

●すでに受診している場合

思春期やせ症の診断名のもとに、医療機関の受診が続いている場合には、身体面やこころの問題に対するアプローチが始まっています。しかし、特にこころの問題については、医師や看護師といえども黙って座っているだけの子どものこころを見通すことはできません。子どもや親の過去も含めた気持ちの変化を聞き出す必要があります。これには信頼関係が必要であり、時間も必要です。一方、学校の当事者性は、子どもの気持ちの変化に気づきやすいメリットを持っています。学校からの現場での出来事の報告は、医療者の分析に極めて質の高い情報を提供することができます。保護者の同意を得て、学校での子どもの姿を伝えたり、子どもの了解を得て子どもの気持ちを伝えたりすることは診療に有益です。

思春期やせ症は、回復に早くても数か月以上、多くは何年もの歳月を要します。入院治療である程度回復した後でも、学校生活においては運動や生活上の制限を要することがまれではありません。学校がその身体上の制約を「なまけ」ととらずに適切に対処するためには、医療機関との折に触れての情報共有が必要です。

ケース 6

◆あらまし

中学3年女子F。いじめから長期欠席するようになりました。カウンセラーと本人との面接、母と養護教諭の面接を継続していた長期欠席中に、徐々にやせが悪化しました。やせ願望は薄いのですが、6か月以上の月経停止を契機に婦人科受診、小児精神科受診に至りました。

◆気づきと支え

1年の夏、クラスメートからいじめを受けました。2年4月、身長156.5cm、体重44kg。進級後しばらくして別の生徒からのからかいを受け、6月中旬に1週間欠席。登校できるようになりましたが、毎日遅刻が続きました。夏休み中に同じ部活の生徒とトラブルがあり、夏休み明けから不登校になりました。週1回担任が電話相談をしました（カウンセラー訪問は拒否）。

11月に母がカウンセラーの訪問を希望し、12月から担任とカウンセラーが週1回家庭訪問を開始しました。長期欠席者対策会議でのカウンセラーからの報告で「やせの悪化」「生活リズムの乱れ」「空腹感がない」「入眠困難」が明らかになりました。母は標準体型だが「子どものころ私も胃腸が悪くて」とFのやせについては心配していなかったようでした。

担任も、Fが不登校になる前からやせ型であったため、やせに違和感を持っていませんでした。そこで、受診の必要性を説明し、担任が保護者に受診を促して小児科受診となりました。受診時、身長157cm、体重37.8kgになっていました。12月、母から養護教諭へ、6か月生理が来ないと相談があり、母に近隣の婦人科外来の状況のほか、外来看護師への相談方法、受診の流れなどを説明し、婦人科を受診させました。

学校生活での気づき
いじめや不登校などは子どもの不安定なこころの状態の表れです。支援の中で精神面だけでなく、身体的な変化を捉える視点も持ちたいものです。

医療との連携
まずはどこに受診するとよいか、医療機関にかかった後も、医療機関同士の連携、またそれらと学校との連携を、子どもの学校生活への復帰を目指し、長期的な展望に立って行いたいものです。

婦人科受診時、身長157cm、体重38kg。養護教諭は母に受診結果を確認し、学校と医師の情報交換について承諾を得ました。カウンセラーは管理職の了解をとり、婦人科へFの状況を説明し、婦人科の紹介にて小児精神科を受診しました。その後、2週間に1度外来通院し、3年から適応指導教室に登校するようになりました。3年4月157cm、体重42kg。保健室で2週間に1度体操服で体重測定し、保護者宛（外来受診時に持参）の連絡カードでやりとりをしました。学校活動、体育、修学旅行、体育祭など、保護者を通じて主治医に相談し、学校生活管理表を利用して指示を受けました。

○第3章3．身体計測からのスクリーニング●身長・体重成長曲線の作成（48ページ）参照

◆振り返り

観察者に「胃腸が悪かった」「小食だった」「運動して健康的にやせた」などの経験があると、危険性を感じにくくなりやすいため、支援に当たる者が、やせの危険性について、保護者や本人が正しく認識できるように注意します。

また、長期欠席者に対する家族や学校関係者の視点は、学校に対する不満や対人関係に偏ってしまうことがあります。長期欠席中の発育発達測定実施や、訪問者が健康や発育発達を観察できるような体制づくりを行う必要性を感じました。

そして、医療との連携では小児科受診から婦人科、小児精神科と専門機関との連携を学校がいかに図るか、また治療中の子どもや家族をどう支えるかも学校生活へのスムーズな復帰に影響が大きいため、すべての関係者を含むチーム支援体制の確立が大切といえます。

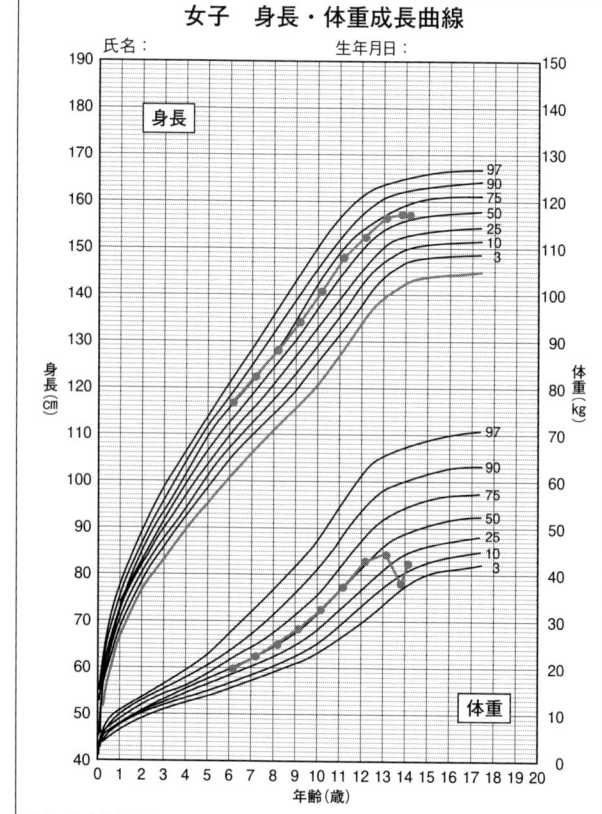

女子　身長・体重成長曲線

平成12年乳幼児身体発育調査報告書（厚生労働省）および平成12年度学校保健統計調査報告書（文部科学省）のデータをもとに作成　作図：加藤 則子、村田 光範

出典　文部科学省スポーツ・青少年局学校健康教育課「児童生徒の健康診断マニュアル（改訂版）」財団法人 日本学校保健会　2006年

2．入院時：子どもと家族を支えるチーム支援体制

●入院で行われる治療

　思春期やせ症は、合併症などにより死の危険とも隣り合わせの疾患です。治療として入院が選択される場合、その目的はまず栄養改善、体重増加などの身体面でのケアです。水分代謝バランスの破綻を回復させる輸液、栄養状態改善を目的としたバランスのよい食事や適度な運動、無月経などホルモンバランスの障害に対するホルモン治療などが選択されます。治療の初期に栄養改善をあまりに急ぐと再栄養症候群や上腸間膜動脈症候群などの合併症の危険があり、じっくり時間をかける必要があります。子どもが持つ拒食などの混乱した食生活を安定させるには、食事、安静、睡眠の基本的なリズムの回復が必要です。

　しかし摂食行動に対する子どもの拒絶感は頑強であり、初期には不穏、暴れ、自傷行為も強く出ます。医療現場では、まず子どもとの信頼関係の構築、食事や安静の大切さについての粘り強い説明と子どもの納得を得ることに努められています。

　こころの問題へのアプローチには、家族の参加が欠かせません。家族療法は、思春期やせ症治療の第一選択ともいわれています。さらに子どもが自己感や自己認識をつくり直すための心理治療も行われることがあります。

再栄養症候群
高度の栄養失調の状態に不適切に栄養療法を開始した際にみられる合併症。低リン血症に起因した心不全、不整脈、低血圧などから昏睡、痙攣、突然死に至ることもあります。

上腸間膜動脈症候群
十二指腸の一部がその周囲の動脈に挟まれて腸閉塞を起こす状態。食後早期に上腹部痛や嘔吐を繰り返し、進行性となりやすいのです。

●入院中の治療や生活を支えるスタッフ

病院の中では、すべての医療行為は医師の指示のもとに行われますが、子どもの治療や生活を支えるのは医師だけではありません。医療スタッフとして看護師だけでなく、臨床心理士、ケースワーカーがメディカルスタッフとして従事していることもあります。さらに保育士が子どもの遊びや生活を保障する立場から従事している病院も増えてきました。

思春期やせ症の子どもにとって、入院生活でのスタッフとの関わりは、新しい人間関係が生まれる場でもあります。病院のスタッフは、摂食障害という日常生活上の困難を持つ子どもを支えるため、日々の生活の中での関わりを大切にしています。子どもの家族にとっても、看護師などの病棟のスタッフは、子どもの入院生活を知る相手としても、また家族自身の子どもに対する気持ちを話す相手としても重要な役割を果たすことがあります。こうした入院生活での情報についても、スタッフ間での話し合いや記録の整理など意識を共有するように努めます。

●いわゆる院内学級での生活

思春期やせ症など数か月以上の入院を必要とする場合には、いわゆる院内学級に通うこともまれではありません。院内学級ではその担任や別の子どもとの出会いがあります。多くは数人程度の異年齢の教室で、医療中心の入院生活の中で唯一子どもらしい生活が保障される時間でもあります。入院中だからこそ勉強していたいとの気持ちになる子どもも多いようです(注8)。院内学級の仲間や担任とのこころの触れ合いが、こころの成長に良好な影響を持つことも少なくありません。担任は家族との折に触れての話し合いの中で、家族の気持ちを聞く役割も担っています。院内学級の担任は、入院中の子どもと家族を支える重要な立場にあります。

注8
参考文献：乾美紀、中村安秀編著『子どもにやさしい学校』ミネルヴァ書房刊　2009年

●入院中の子どもと家族を支える学校の役割

　ただ、院内学級に通うためには、元の学校から院内学級を運営する学校や特別支援学校に転籍しなければなりません。元の学校の担任や養護教諭と院内学校の担任との情報共有は、学習面ばかりでなく生活指導の面でも極めて重要です。個別支援計画を作成して伝えることもできます。病院によっては、医師、看護師などの医療スタッフと院内学級担任、元の学級の担任、養護教諭ほかが一堂に集まり、入院や退院時の情報共有のためのカンファランスが行われており、有効に活用されています。

　また転籍は、一時的とはいえ元の学校には自分の席がなくなることを意味します。しかし現実には、たとえば元の学校の担任が病棟に顔を出したり、同級生からのメッセージを届けたりなどの交流が行われています。現実には院内学級が設置されていない病院の場合や転籍が垣根となって院内学級を利用しない場合も少なくありません。学習の空白を埋めるために、担任がプリントを届けるなどの指導が行われることもあります。こうした担任とのつながりの継続は、退院後の学校生活を円滑にするためにも、つながっているという安心感を子どもに与える意味でも大変に価値のある関わりです。また、担任などの動きを円滑にするためにも、特別支援教育における校内委員会の活用など校長、教頭のリーダーシップによる学校を挙げての情報共有と理解が求められます。

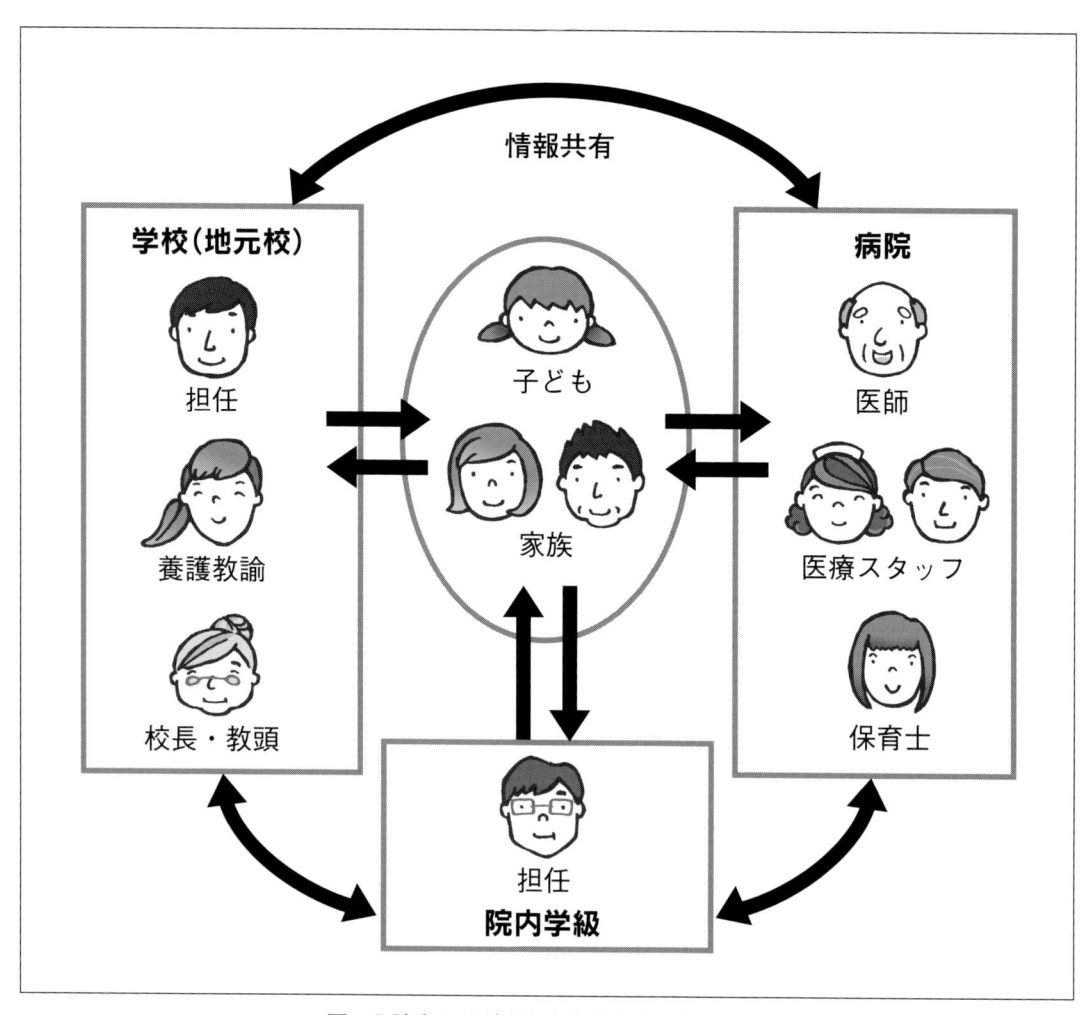

図　入院中の子どもと家族を支えるシステム

ケース7

◆あらまし

　小学6年女子G。5年生の2学期ごろから体調不良を訴え、保健室に来室する頻度が増えました。保健室では、体調不良を訴えることはほとんどなく、学級の様子や姉妹のことを話していました。しばらく、担任や保護者と情報交換を行いながら、様子をみていました。

　そのうち休み時間はほとんど保健室で過ごし、毎時間体重計で体重を計測するようになりました。保護者や担任、養護教諭で経過観察をしていましたが、体重減少が顕著になり大学病院へ入院しました。入院後は病院と院内学級、学校と連携をして、本人や家族の支援を進めました。

◆気づきと支え

　5年の3学期には、給食の準備が始まると気分不良を訴えて来室したり、給食を残したりすることが多くなり、「吐き気がして給食を食べることができない」と、保健室の来室も増えました。休み時間はほとんど保健室で過ごし、毎時間体重計で体重を測定するようになりました。そこで、学級担任と連携をとり、養護教諭による教育相談をGと母親に行いました。Gは、家庭でも母親が用意した食事は朝食、夕食ともとらず、栄養補助食品を食事代わりに食べていました。便秘も続くようになり、「体が臭い気がする」と訴えていました。Gとの教育相談では、「太っているとかわいくない」「クラスの女子の間ではファッションや好きな男子の話で盛り上がっています。○○君は太っている子が好きじゃないといってた」など、自分の容姿に関係する話題をよく話しました。教育相談をしながら経過を観察していましたが、新年度に入り始業式当日に欠席、担任が家庭に連絡をとったところ、母親の話からGの急激な体重減少

学校生活での気づき
保健室来室、欠席の状況、会話の内容、体重測定へのこだわり、給食の摂取状況など子どもの変化をとらえ、記録して、チーム会議で共有します。
第4章2．入院時：子どもと家族を支えるチーム支援体制（63ページ）を参照。

が明らかになりました。

　そこで、母親に心身ともに危険であることを告げ、大学病院への受診を勧めた結果、4月中旬から入院しました。大学病院の主治医、担当看護師、校長、教頭、病院内学級担任、養護教諭でチーム編成を行い、Gと家族を支援していくことにしました。目標体重を設定して、修学旅行への参加を励みにしました。

家族（母親）への支援　養護教諭は、母親へ主に電話による支援を行いました。そして、週に一度、院内学級の担任と面談もしました。そして、院内学級担任や主治医、担当看護師が養護教諭との面談の必要を感じたときには、養護教諭が病院内学級に行き、チーム会議を実施することもありました。母親との電話や面接の中でGの育児について自分を責める内容が多く、専門家による母親のカウンセリングの必要性を感じたため、チーム会議で母親の支援の方法を検討しました。そして、Gの主治医の紹介で母親もGの入院する大学病院でカウンセリングを受診することになりました。

本人への支援　入院後は病院関係者以外の接触はできませんでした。体重の増加も思うようにはいかず、励みにしていた修学旅行への参加はできませんでした。しかし、Gの情緒面は少しずつ安定して、病院内学級へ通級できることを目標に治療を進めました。夏休みには、一時帰宅できるまでに回復しました。その後も、定期的にチームでのケース会議を行い、G及び家族への支援方針を明確にして進めました。

◆振り返り

　この事例の発見は、Gの保健室来室状況からでした。学級担任と連携をとり、早い時期に母親と教育相談をすることができたことは、その後の対応に大変有効であったと考えます。また、チームを編成して子どもを多面的に見ていくことは、子どもの状態の変化を正確に捉えるのに大変有

効でした。そして、定期的に家庭と連絡をとり続けたことで、学校と家庭の信頼関係が構築されました。また、短期・長期の目標を明確に立て、目標達成のために学校と家庭が連携したことが、子どもや家族にとって精神的な支えともなりました。

　この事例のように、養護教諭にはコーディネーターとして子どもの状態を見極め、関係機関につなげていくことができるネットワーク力が必要であると考えます。さらに、チーム編成をすることで、ひとりだけで抱え込むことなく、それぞれの専門性を生かした取り組みができると考えます。

ケース 8

◆あらまし

中学1年女子H。会社員の父と小学6年の弟の3人家族でしたが、情緒不安定で登校渋りやリストカットなどの自傷行為が目立ち、祖母宅で養育されることになりました。その後、自傷行為や祖母への暴力とともにやせが始まり、大学病院での入院治療を受けることになりました。

◆気づきと支え

中学1年の9月ごろから登校渋り、別室登校が続いたため、養護教諭と学級担任が連携をして支援を始めました。しかし、リストカットなどの自傷行為やパニックなど情緒の不安定さが目立ってきたため、カウンセリングや専門医への受診を勧めるが、受診には至りませんでした。中学2年になってからも登校は不定期で、自傷行為や祖母への暴力が続いていました。そして、目立ってやせ始め、4月の身体測定では身長148.1cm、体重30.5kgでした。7月に自宅で包丁を持ち出したけんかをして警察が来た旨の連絡を、祖母より養護教諭が受けました。養護教諭がすぐに自宅へ駆けつけ、Hと祖母に専門機関への受診を勧めました。翌日受診し、Hと祖母、父親とも入院を希望したため即日入院となりました。

大学病院へ入院はしましたが、Hが「帰りたい」と訴え続けたためいったん帰宅しました。しかし、さらに不安定な状況が続いたために、大学病院からの連絡で保健所が介入することとなりました。そこで、学校においても次のようなチームを編成することにしました。

校内	校長・教頭・学級担任・担当学年職員・養護教諭・スクールカウンセラー
関係機関	医療機関（主治医・ソーシャルワーカー）・保健所（2名）

9月、父親、祖母とも、強い危機感を感じており保健所

学校生活での気づき
第3章1．学校生活での気づき（28ページ）を参照。登校の様子や保健室来室の様子など。

支援体制
第4章2．入院時：子どもと家族を支えるチーム支援体制（63ページ）を参照。

の担当職員と話し合い、思春期病棟を併置している他郡市の医療機関へ入院を決めました。

　入院後は、病院関係者以外のHへの接触は禁止されました。そこで、養護教諭が主治医やソーシャルワーカーとの情報交換を行ったり、学校長・学級担任が保健所職員とともに病院へ出向き、ケース会議を行ったりしました。そして、養護教諭がリーダーシップをとりながら、チームによる家庭の支援も行いました。

　その後、Hは体重も次第に増え、情緒面も安定してきたことから、退院を見据えた保健室へのチャレンジ登校を6月に実施しました。そして、Hは7月末に退院し、9月から学校へ登校することができました。

	中学1年4月	中学2年4月	中学2年2月	中学3年6月
身長(cm)	143.5	148.1	152.3	152.8
体重(kg)	45.5	30.5	37.6	40.3

◆振り返り

　思春期という発達段階から、単に摂食障害のみではなく、それに伴う様々な心身の不安定な状態がみられました。

　このようなケースでは、学校や家庭だけで子どもを支援することには限界があるため、医療機関や保健所などの関係機関などを含めたチーム編成は、必要不可欠です。その場合は、校内のほかの職員にもその有効性を発信して、子どもの支援について共通理解を深めていくことも養護教諭に求められる専門性です。

　また、治療が長期にわたるほど家族の支援も重要になってきます。家族と直接接触する支援者は養護教諭に限定するのではなく、チームの中でその家族が安心しやすかったり、話しやすかったりする人物を支援の窓口にするとよいでしょう。そして、その支援者がひとりで対応するのではなく、養護教諭がリーダーシップをとりながら、チームによるケース会議を定期的に行い、常に共通理解をすることが、家族だけでなく支援者も支える体制をつくるうえで大切です。

3. 通院時：子どもと家族を支えるチーム支援体制

●通院時サポートチーム

不健康やせの頻度に比べると、思春期やせ症の頻度はその10分の1程度の1％～2％となっています。思春期やせ症が疑われる不健康やせの子どもが、医療機関を受診したとしても、「思春期やせ症」という確定診断を受けるには至らず（入院治療に至らず）、通院や経過観察をすることになる場合も多くなっています。

通院・経過観察時においては、子どもは通常通り学校に通うことになるので、学校を中心としたチーム支援体制（以下、サポートチーム）を組むことが求められます。

●状況の共有

通院・経過観察時においては、サポートチームは、子どもの状況を過小評価することも過大評価することもなく、適切に把握しながら、かつ確たる希望を持ちながら、支援を継続していくことになります。そのためには、家族及び通院医療機関との情報共有ができる体制が必要となります。

サポートチームと通院医療機関が、家族の了承を得ず、家族を超えて情報を直接共有することはできません。多くの場合は、家族を介して情報を共有（間接共有）するか、家族の了承を得ている場合には、サポートチーム側と通院医療機関が情報を共有（直接共有）することになります。

後者の場合においても、サポートチーム側と通院医療機関がどのような情報を共有しているかを、家族には知らせておく必要があります。

データと情報
客観的な状況や数値を「データ」と呼びます。その「データ」を生かそうとする人が存在することによって、それは初めて「情報」となります。世の中には、いまだ「情報」として捉えられていない「データ」がたくさんあります。紙に書かれた「情報」だけではなく、直接あるいは間接のやりとりによって、周辺の状況から新たに「情報」を見いだしていこうとする態度がサポートチームには求められています。検査機械やコンピュータが「情報」をつくるのではなく、人（人々・チーム）が「情報」を見いだし、それを共有するというイメージです。

●信頼づくり

通院・経過観察時においては、いわゆる"白黒はっきりしない"状況が続くことになり、家族には確たるものが見通せない不安が生じます。この不安のうえに、子どもの通院による物理的な時間や手間のやりくりに端を発する家族の不安定感や、子どもの症状の短期的変動に一喜一憂することから生じる家族感情の起伏が重なる状況では、サポートチームと家族とのやりとりには、小さなことでそごが生じやすくなります。これは、通院医療機関と家族の間においても当てはまることです。

それを防ぐためには、まずは、信頼を築いていくことが求められます。信頼は、信用とは異なり、計量・数量化できるものではありません。小さな約束事を果たすこと、面と向かってやりとりすることから、信頼の醸成は始まります。家族との連絡を定期的にすること、訪問や面接など実際に家族と会って話をし、子どもの状況について情報を交わすことが、まずは求められます。

さらに、通院医療機関と家族との関係が悪くなるようなやりとりは避けること、子どもの進路や将来についてチームが悲観的な見方をすることは避けること、受験などのストレスが重なる時期に関しては子どもの状況を悪化させないためにもサポートチームに臨時メンバー（進路指導担当教師など）を組み入れること、などの工夫が必要です。

●子どもへのサポート

子ども本人も、不安を有している家族の一員であり、通院・経過観察時には、心身に波が生じます。子どもが、毎朝学校に登校してきているかという基本的なところから、職員室で情報を交換するようにしたいものです。

登校にむらが出てくる、遅刻・早退が多くなるなどの、不登校の兆候がみられる場合には、教育相談担当教師などもサポートチームに組み入れながら、学校内外の資源を活

信頼

信頼とは、人と人の間に生じる、心と体（いわゆる身体）の反応とみることが可能です。身体的なものですから、身体を介さない（例えば）電子メールのようなやりとりでは、信頼は中々育ちません。チームや関係者が多忙な折には、メール会議やテレビ会議（「スカイプ」なども含め）が行われますが、あくまでこれらはサブとしての役割であり、信頼の醸成には直接その場の空気を共有してやりとりすることが大切です。そのうえで、小さな約束事をお互いがひとつひとつ果たしていくことが望まれます。

用します。子ども本人の心のサポートには、スクールカウンセラーと連携し、環境を調整するためには、近年各地で取り入れられている学校ソーシャルワーカーを活用するなどのサポートを行います。学校において、子どもの様子を観察することから始め、必要に応じて、保健室などで、養護教諭などと気軽に話をできる雰囲気をつくるなど、子どもが安心して学校生活を送ることができる環境を醸成していきます。子どもからの小さな訴えを大切にし、子どもの居場所を学校の中に確保してください。

●子ども自身の認識

子どもが安定した学校生活や家庭生活を送っていき、通院治療に前向きに取り組んでいくことのできるサポートが必要となります。通院・経過観察が漠然とした不安に結びついている小学生時期には、機会を捉えて、対面で話を聞くことが大切です。サポートチームの担任教師にも、その点を十分に配慮してもらい、きめ細かな対面支援を行うようにしましょう。

中学生にもなると、受験や進路などの不安が、通院治療の不安とオーバーラップしてわき起こってきます。自分が通院している状況をどのように認識しているのか、家族も学校側も気になり出します。家族の了承を得て、必要であれば、子ども自身と通院・経過観察について話し合い、より前向きな態度で通院・経過観察に取り組めるように認識を高めていきましょう。

高校生時期では、通院・経過観察について、すでに自分の考えが固まりつつあります。家族と情報共有を進めていくと、子ども自身と家族の考え方にすれ違いが大きくなっている場合もあります。この場合も、家族の了承を得て、通院・経過観察に関する子ども自身の考え方を聞き、家族とそれについて情報交換をする形で、家族にも子どもとのやりとりに関するアドバイスをしながら、子どもに少しずつ前向きな考え方が安定して持続するような環境を整えて

子どもの不安

子どもの不安は、大人が通常感じる不安とは若干様相が異なります。闘病中の不安を、たとえば「精神的不安」「社会的不安」「哲学的不安」と分けてみますと、大人はともすると「哲学的不安」を持つものですが、一方子どもは「社会的不安」を持つ傾向にあるようです。哲学的不安とは自身の存在を問う際の不安といえます。社会的不安とは友人関係や進路などを思う際の不安といえます。

いきましょう。子どもが、家族と情報交換をしないでほしいと主張する場合には、なぜそのような主張が出るのかを検討・対処すると同時に、サポートチームが家族や医療機関と力を合わせて動くことの大切さを子どもにも伝えたいものです。

●通院が途絶える場合

通院・経過観察は長期にわたることも多くなります。家族との情報共有がなされていたとしても、知らない間に、通院が途絶えてしまっている場合があります。これには、様々な背景や因子が考えられます。通院中断を「行かない」状況と「行けない」状況に分けてみてみます。

「行かない」状況とは、家族や子ども本人が自分自身で通院の必要性を認めなくなった場合です。症状・予後の楽観視、第三者からのアドバイス、より重要だと認識する事柄への関与などがあります。この場合の通院中断については、サポートチームと通院医療機関の情報共有をもとに、より的確な通院勧奨の工夫を行います。家族に対するキーパーソンを活用することも視野に入れたいものです。

「行けない」状況は、家族や子ども本人に通院の意志がないわけではありませんが、それが果たせない場合といえます。家族構成の急変、経済的状況の悪化、家族と子どもの認識の相違、あるいは、家族や子どもの精神的な不安定さ（場合によってはネグレクトなど）も重要な因子となり得ます。この場合の通院中断については、サポートチームは、地域の外部機関（外部資源）を積極的に活用することになります。児童相談所、民生委員（主任児童委員）、保健センター、そしてソーシャルワーカーなどです。

通院中断に際しては、サポートチームは、「子どもにとって最善の利益は何か」ということを医療機関や外部機関と常に共有し、連携する際の軸がぶれないように努めたいものです。

最善の利益
子どもや家庭をめぐる複雑な状況を少しでもよくしようと、多くの方が共同で取り組む時代となりました。それでも、それらの連携には"温度差"がみられがちです。これらの"温度差"への隠れた不満が連携の足かせになっているとしたら、それは大変もったいないことです。"温度差"があるがゆえに、多様な対応の展開も可能になると考えましょう。そしてときどき、「子どもにとっての最善の利益は何か」という、極めて基本的な問いをサポート会議で議論してみてはどうでしょうか。

サポートチーム
・養護教諭（窓口）
・担任教師
・学年主任
・教育相談担当教師
・進路相談担当教師
・生徒指導担当教師
・管理職（校長・教頭など）

・スクールカウンセラー
・学校ソーシャルワーカー

家族の了承

・家族
・子ども本人

通院医療機関

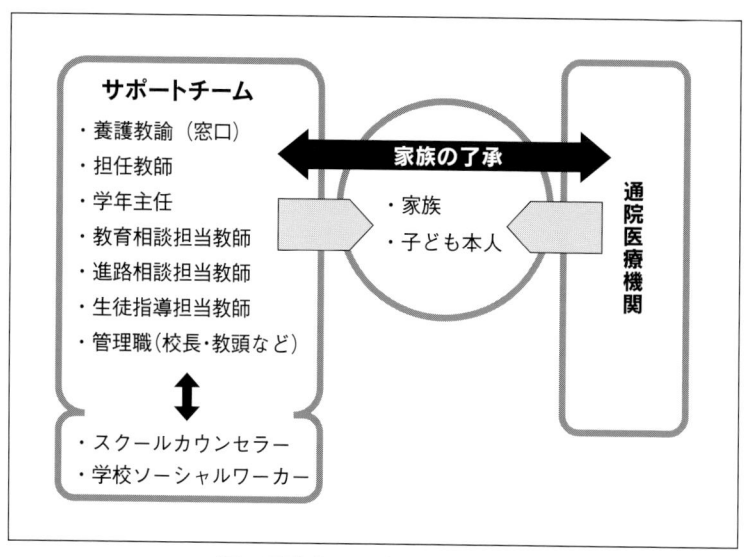

図　通院時のサポートチーム例

ケース 9

◆あらまし

　高校3年女子I。衣替えで夏服になったとき、ひとりの教師がやせに気づきました。同時に体調不良を訴えて保健室にIが来室したことから、Iが過食嘔吐を繰り返して悩んでいることが明らかになりました。保護者との面接を経て、専門医への受診治療と学校による支援をしていきました。

◆気づきと支え

　高校3年の6月衣替えで制服が半袖になったとき、一人の教諭が廊下を歩いているIの腕を見て体型の変化に気づきました。連絡を受けて、養護教諭は健康診断票にて体重変化とBMIを確認すると、1・2年時はやせに近い「標準」体型が3年4月時点で「やせ」体型になっていました。そこで、体育科の教師に連絡をして体育の運動時の様子を確認したところ、運動時にもふらつくなどの異常がみられることが明らかになりました。また、学級担任とはIの授業中の様子や欠席・遅刻・早退などの状況を確認しました。学級担任によると、Iの成績は中程度で、おとなしくてまじめな反面、頑固で融通がきかないところがあるということでした。

　ちょうどそのころIが体調不良を訴えて保健室に来室しました。そこで、養護教諭はやせていることを指摘し、本人の了承の上で体重測定をするとともに、相談活動を進めました。そのなかで、Iには過食嘔吐があり本人も悩んでいることやそのことで両親とのけんかやいい争いがあり家族も悩んでいること、過食嘔吐にI自身罪悪感を感じていること、大学進学への強い気持ちがあることなどが明らかになりました。

　そこで、養護教諭と担任は、Iの承諾を得て保護者面接を

学校生活での気づき
担任に限らず、複数の目で子どもを見ることでこのケースのように半袖から見えた腕の細さというような小さな変化を見過ごさないでキャッチすることができます。

行ったところ、Ｉの異常な食行動についてのいい争いが想像以上に激しいこと、家族はどのように対応してよいか困っており、その疲労が家族にも蓄積していることが明らかになりました。そこで、母親に専門医受診を勧めたところ、学校が紹介した複数の医療機関の中から、保護者は地理的条件などを踏まえて病院を選択し６月末に受診に至りました。

　病院で摂食障害と診断され、週に１度の通院による薬物療法と精神療法が始まりました。医師は、体育授業や体育祭の参加を一部制限するように指示し、学校はその指示をもとに指導を行うこととしました。

　その後、受験体制に入るとＩは精神的な不安定さがさらに強くなり、体調不良を訴えて保健室への来室が増えてきました。そこで、担任と養護教諭は再び主治医と面会をして、学校での様子や成績、進路希望について報告し、医師からは治療方針や薬の副作用、保護者の変化について説明を受けました。医師によると入院が必要であるが、Ｉは大学進学を強く希望していること、推薦入試合格後に時間をかけて治療をすることが望ましいことなどから、当面は通院治療をするという説明を受けました。その際、学校で気になることがあればすぐに受診を指示したり、主治医へ連絡を入れたりしてほしいとの要請を受けました。

　Ｉは、治療を続けながら受験勉強をし、推薦入試で希望大学への合格を手にしました。そして、合格後は自宅療養をし、４月から無事大学生となりました。

◆振り返り

　本事例は、ひとりの教諭がＩの体型変化に気づいたことから支援が始まりました。ＨＲ担任、関連教科の教諭、養護教諭、管理職が短期間でしたがそれぞれの役割を果たすことができました。学校、家庭、医療機関の連携をスムーズに行うことができたことで、指導方針の基盤は揺らぐことがなく、本人をはじめ、保護者や関係教師がいたずらに不安になることも少なくて済みました。

治療と学校生活
プライドの高さやまじめさ、他人の目や評価を意識した感情を捨てることは難しいものです。しかし、治療と学校生活を両立させながら体重や体調を回復していくことは困難です。本人の希望や意欲を尊重するためにとれる最善の方法を考える姿勢が重要です。ときには、出席日数は最低限にしても、体力を考慮して学業や受験に取り組ませるような方法も必要です。

第 5 章

思春期やせ症を「深める」

　思春期やせ症に早期に気づくためには、視野をより広げることが大切です。食行動の異常や、体型認識のゆがみを早い段階でキャッチすることが必要になってきます。ここでは、それらに関する尺度（アンケート）を紹介します。さらには、日常の学校生活での気づきや支えに用いることのできるチェックリスト、チェックポイントもまとめてみました。参考文献やWeb情報も掲載してありますので、思春期やせ症への理解をより深めるために活用してほしいと思います。

1. 学校生活での気づきチェックリスト

　子どもの様子の変化を発見するためのチェックリスト。教職員で気になることを共有して、おかしいなと思うことが支援の第一歩です。

①健康面
- ☐ 既往歴・治療歴
- ☐ 不定愁訴によるしばしばの欠席や遅刻、早退はないか
- ☐ 不定愁訴による保健室の来室はないか。給食など特定な時間の来室はないか
- ☐ 頬のこけや目のくぼみなど顔の様子の変化はないか
- ☐ 顔、手のひら、足底などの皮膚が黄色化していないか
- ☐ 四肢、背部の産毛が増えていないか
- ☐ 皮膚や髪の毛がかさかさと乾燥していないか
- ☐ 体育や遊びの中で運動したときの頻脈と休息時の徐脈はみられないか
- ☐ 低血圧や低体温はみられないか
- ☐ 四肢末端の冷感を訴えることはないか
- ☐ 体重の不自然な増減はないか
- ☐ ３回かそれ以上の月経周期の欠如や不順はみられないか
- ☐ 眠れないなどの睡眠障害はないか
- ☐ 脳萎縮に伴う記憶力の低下や集中力の低下はみられないか
- ☐ 気分が落ち込んだり、はしゃいだりというような抑うつ症状はみられないか
- ☐ 体重へのこだわりや頻回の体重測定はないか
- ☐ 満腹感や吐き気、食欲不振を訴えないか
- ☐ 「飲み込めない」などの食行動に関わる異常を訴えないか
- ☐ 食べ物を隠したり、食事を粉々にしたりするなどの食べ物の扱い方をしないか
- ☐ ダイエット食品や低カロリーなものしか食べていないか
- ☐ 食事をかむが吐き出したり、食べた後に吐き出したりしていないか
- ☐ 給食、お楽しみ会、調理実習、宿泊学習などで食事がとれない場合はないか
- ☐ 便秘や便秘へのこだわりはないか
- ☐ 下剤・浣腸や利尿剤を体重減少のために用いていないか
- ☐ 食べ物を吐くために食事後にトイレを使用していないか
- ☐ 吐きだこは手にないか

□ 嘔吐臭はないか

②**学習面**
　　□ 成績や順位の急な上昇や下降などの変化はないか
　　□ いじめを受けたり、いじめたりしていないか
　　□ 活動が亢進して、異常に過活動になっていないか
　　□ 完璧に仕上げようとするあまり、ノートや課題の提出期限が守れない様子はないか
　　□ 受験の場合、志望校が急に高くなることはないか
　　□ 希望者の海外研修やインターンシップなど授業以外の特別なプログラムに参加する
　　　など、活動が異常に活発になっていないか
　　□ 水泳やチアリーダーなど体型をさらす活動に積極的に参加していないか

③**心理・社会面**
　　□ 友人関係や異性関係（交際、結婚への憧れ、失恋）の変化はないか
　　□ 性的なものへの無関心あるいは嫌悪感はないか
　　□ 対人トラブルを起こしやすくなっていないか
　　□ 完璧主義・強迫的・こだわりが強くないか
　　□ 自己肯定感が特に低くないか
　　□ やせているのに自分のやせを認めない様子はないか
　　□ やせていても、ある部位が太っている（でん部、大腿部、腹部など）という場合がないか
　　□ 食品の万引きや衝動的な盗癖がないか

④**家庭面**
　　□ 親子関係で反抗期がなかったり、よい子であったりしないか
　　□ 親への不満や憤りを表せず、ストレスが蓄積していないか
　　□ 孤食ではないか
　　□ 甘くて高カロリーのやわらかいものを食べたいと言わないか
　　□ 念入りな食事を他人のために用意し、それを食べることを強要することはないか
　　□ 食品を隠したり、食品を蓄えたりしていないか
　　□ カロリー計算に夢中になっていないか

⑤**その他（あなたの学校でのチェックリストを加えてみましょう）**
　　□ (　　　　　　　　　　　　　　　　　　　　　　　　　　　　　　　　　　　)

2. 担任用"支え"のチェックポイント

　本項では、すでに思春期やせ症と診断された生徒への支援について扱います。特に担任の先生方が、日常の学校生活で心にとどめておいたことなどをチェックポイントとしてまとめました。

　高校生は発達の時期にあることを考えると、体重増加がみられないことは大人であれば体重減少と同じ意味を持ちます。この病気は、体にほかの病気がないのにやせることを特徴としており、本人はやせていることを認めなかったり、やせているほうが調子がいい（ダイエットハイ：飢餓状態が爽快な気分を引き起こしている）といったりします。ですから、学校では本人の言葉を指導の基準にしないように留意することが必要です。

　学校生活及び生徒の背景や関わりについて広い視点から見渡し、学校生活での指導方法を考える必要がでてきます。

　思春期やせ症の患者は、心理的対応には反応しにくいので、学校では学校行事や授業、進路など現実的なことへの対応が望ましいといえます。また、性格特性として、まじめで成績優秀である一方、自己評価が低い傾向にあることを頭に入れておきましょう。

体型認識
自分の体型をどのように認識しているのか。これをボディーイメージといいます。自身のボディーイメージは、ほかの人からの客観的認識とずれている場合がほとんどです。ほかの人からの客観的認識と大きくずれている場合は、それを体型認識のゆがみと呼びます。この体型認識のゆがみが、摂食行動に関連している場合があります。ボディーイメージを把握するためには、まずはシルエット法を用いるとよいでしょう。

●"支え"のチェックポイント

学校生活について配慮しましょう

①教科「体育」　＊水泳や武道、マラソンは特に留意が必要です
　□ 授業内容によって運動を制限する。見学させたり係の仕事をさせたりする
　□ 夏季も冬の体操服を着用させる。学校生活管理指導票を参考にする

②ほかの教科
　□ 校外実習を伴う授業（農業実習、乗船実習、山林実習など）への参加を配慮する
　□ 学校生活管理指導表を参考にする

③体育的行事
　□ 参加の見合わせや制限をする。係の仕事（救護、接待、掲示、審査など）をさせる

④宿泊的行事
　□ 参加の見合わせや制限をする。食事や入浴の配慮がどこまで可能かを伝える

⑤課外授業や模擬試験
　□ 早朝や放課後の課外授業や、休日の模擬試験は体調が回復してから受けさせる

⑥服装
　□ 寒さ対策と体型変化を目立たせないために、夏季でも冬服（制服及び体操服）を着用させる

⑦教室の座席
　□ 夏季はクーラーの風が直接当たらない座席に、頻繁に授業中トイレに行く場合はドア付近の座席にする

⑧昼食場所
　□ 食事量が極端にほかの子どもと違いが大きかったり、食事時間が長かったりするときは、ほかの場所（保健室、相談室、準備室など）での食事を提案する

日常会話について配慮しましょう

⑨やせ願望や肥満に対する恐怖などを話題にしないようにしましょう
　×「食べないとだめだよ」　×「どうして太っていると思うのかな」
　×「なぜ、もっとやせようとするの」

⑩進路を高い志望先に変更することをむやみに励ましたり褒めたりしないようにしましょう
　×「もう少し頑張れば○○大学（高校）も無理じゃない」
　×「○○大学（高校）を目指すとは、すごいぞ」

⑪体重は減少していなければ褒めましょう。増えたことを褒めすぎないようにしましょう
　×「あと○kgだね。頑張って」
　×「2週間で○kgも増えたね、よく頑張ったね。すごいね」

保護者と連携をとりましょう

⑫登下校時の安全確保をしましょう
　□ 健康状態によって、保護者に送り迎えを依頼するなど、安全を確保します
⑬食習慣を整えるように勧めましょう
　□ 食欲がなくても昼食（手づくり弁当を強制しない）や水筒の準備をお願いします

主治医と連携をとりましょう

⑭学校行事について伝えましょう
　□ 学校行事の時期と内容について伝えておきます。体育的行事や宿泊的行事は特に大切です
⑮学校生活管理指導表を活用しましょう
　□ 医療上の理由から運動や課外活動などの学校生活に配慮の必要な時期があり、その配慮の内容は、病気の状況に応じて変わってきます。学校生活管理指導表により、主治医の助言を具体的に把握することが大切です。指導表は、財団法人日本学校保健会のホームページなどからダウンロードできます（http://www.hokenkai.or.jp/8/8-2.html）
⑯薬の副作用について理解しましょう
　□ 服用している薬の副作用（眠気、ふらつき、頭重感など）を確認し、授業中に配慮すべきことがあれば教科担任に伝えます

3．役に立つ尺度（EAT26，シルエット法）

●Eating Attitudes Test（EAT）

　この尺度は、神経性無食欲症の症状を評価するためにGarnerら（1979）によって開発されました。初出時は40項目の質問から構成されていましたが、その後、26項目に縮小されました。日本においても、EAT（40項目）、EAT-26（26項目）、EAT-20（20項目）が摂食障害のスクリーニングテストとして用いられています。本項ではEAT-26をご紹介します。

●得点化の方法と基準値、参考値

3点法

　各項目について、「いつも」、「非常にひんぱん」、「しばしば」、「ときどき」、「たまに」、「全くない」により回答を求めた後、異常度の高い3段階のみに加点する3点法（「いつも」を3点、「通常ある」を2点、「しばしばある」を1点）により、合計点を求めます。

　食行動異常を判別するための基準（カットオフ・ポイント）について、オリジナル版においては20点とされていますが、中井（2003）は、日本人の神経性無食欲症を対象とした研究結果から、15点を参考値として示しています。

> EAT-26（3点法）を用いた調査結果（平均値＋標準偏差）
> 男子専門学校生（n=106、18.7＋0.5歳）6.50＋1.76
> 女子専門学校生（n=305、18.7＋0.5歳）9.47＋1.13
> 上記はKayanoら（2008）による

カットオフ・ポイント
カットオフ・ポイントとは、ある尺度（点数・得点）において、何点以上（以下）をハイリスクと見なすかという境界の値のことです。これは統計的な手法によって算出・設定されていることが多く、あくまで目安のひとつとして考え、カットオフ・ポイント以下の子どもにも気になる点があれば観察・相談といったケアを行いたいものです。

6点法

健常者が多い集団に適用する場合には6点法(「いつも」を6点、「非常にひんぱん」を5点、「しばしば」を4点、「ときどき」を3点、「たまに」を2点、「全くない」を1点)により、合計点を求める方法も提唱されています。なお、6点法の場合には上記のカットオフ・ポイントは適用されません。

EAT-26(6点法)を用いた調査結果(平均値＋標準偏差)
女子大学生(三井, 2006)(n=101, 19.4＋0.6歳)
52.03＋15.09
女子大学生(加藤, 2009)(n=280, 19.9＋0.7歳)
52.09＋14.60

関連文献

Garner DM, Garfinkel PE. (1994) The eating attitudestest：An index of the symptoms of anorexia nervosa. *Psychological Medicine*, 9 (2), 273-279.

新里里春, 玉井一, 藤井真一, 吹野治, 中川哲也, 町元あつこ, 徳永鉄哉. (1986)「邦訳版食行動調査票の開発およびその妥当性・信頼性の研究」『心身医学』26 (5), 397-407.

中井義勝. (2003)「Eating Attitude Test (EAT) の妥当性について」『精神医学』45 (2), 161-165.

Kayanoetal. (2008) Eating-attitudes and bodydissatisfaction in adolescents: Cross-cultural study. *Psychiatry and Clinical Neurosciences*, 62 (1), 17-25.

三井和代. (2006)「女子大学生における摂食障害予防介入プログラムの効果」『思春期学』24 (4), 581-589.

加藤佳子. (2009)「女子大学生の過食抑制, 虚飾抑制に関するセルフ・エフィカシーと食行動異常の傾向との関連」『日本健康教育学会誌』17 (4), 224-236.

向井隆代 (2001) 人格障害と問題行動・日本語版EAT-26 (心理測定尺度集Ⅲ―心の健康を測る―＜適応・臨床＞(堀洋道観衆). サイエンス社, 東京, 253-257.

EAT-26

各文章を読み、あなたに最もよく当てはまる表現をひとつ選んで、数字に○をしてください。

		いつも	非常にひんぱん	しばしば	ときどき	たまに	全くない
1	太りすぎることがこわい	6	5	4	3	2	1
2	おなかがすいたときに食べないようにしている	6	5	4	3	2	1
3	食物のことで頭がいっぱいである	6	5	4	3	2	1
4	やめられないかもしれないと思うほど次から次へと食べ続けることがある	6	5	4	3	2	1
5	食物を小さく刻んで少量ずつ口に入れる	6	5	4	3	2	1
6	自分が食べる食物のカロリー量を知っている	6	5	4	3	2	1
7	炭水化物が多い食物(パン、ごはん、パスタなど)は特に食べないようにしている	6	5	4	3	2	1
8	ほかの人は、私がもっと食べるようにと望んでいるようだ	6	5	4	3	2	1
9	食べた後に吐く	6	5	4	3	2	1
10	食べた後でひどく悪いことをしたような気になる	6	5	4	3	2	1
11	もっとやせたいという思いで頭がいっぱいである	6	5	4	3	2	1
12	カロリーを使っていることを考えながら運動する	6	5	4	3	2	1
13	ほかの人は私のことをやせすぎだと思っている	6	5	4	3	2	1
14	自分の体に脂肪がつきすぎているという考えが頭から離れない	6	5	4	3	2	1
15	ほかの人よりも食事をするのに時間がかかる	6	5	4	3	2	1
16	砂糖が入っている食物は食べないようにしている	6	5	4	3	2	1
17	ダイエット食品を食べる	6	5	4	3	2	1
18	私の生活は食物にふりまわされている気がする	6	5	4	3	2	1
19	食物に関して自分で自分をコントロールしている	6	5	4	3	2	1
20	ほかの人が私にもっと食べるように圧力をかけている感じがする	6	5	4	3	2	1
21	食物に関して時間をかけすぎたり、考えすぎたりする	6	5	4	3	2	1
22	甘い物を食べた後で、気分が落ち着かない	6	5	4	3	2	1
23	ダイエットをしている	6	5	4	3	2	1
24	胃がからっぽの状態が好きだ	6	5	4	3	2	1
25	食べたことがないカロリーが高い食物を食べてみることは楽しみだ	6	5	4	3	2	1
26	食事の後で衝動的に吐きたくなる	6	5	4	3	2	1

●シルエット法

シルエット法とは、複数の異なる肥満度の人物体型を示すシルエット画を用いて、被験者自身の体型に当てはまるシルエットなどを選択させることにより、被験者のボディーイメージの認知を測定する調査方法です。

ボディーイメージの健全な形成について知ることができ、摂食障害や不必要なダイエットとの関連からも有用なスクリーニングのツールとしての活用が期待できます。

●ボディーイメージとは

ボディーイメージとは、心の中でつくられる自分自身の身体像を示す概念です。本来は体型だけではなく、立居振舞も含む多義的な概念です。

人間のボディーイメージは生まれたときは白紙であり、乳児期以降に周囲の人々の影響により形成されます。つまり人間のボディーイメージは発達過程における社会的環境と相互作用の中で、個人の身体感覚の体験と心理・社会的経験によって形成される動的な概念なのです。

●シルエット画の設定と調査の方法

シルエット画の設定について、松岡ら（1980）、西沢ら（1997）、森ら（2001）は肥満度の異なる6つのシルエットを示し、調査を実施しています。6つのシルエットはそれぞれの肥満度を−20％、0％、+20％、+30％、+40％、+60％と設定し、西沢らと森らは、これらのうち−20％をやせ認識、0％および20％を標準体系認識、+30％、+40％、+60％を肥満体形認識として判定しています。

また、Bellら（1986）、向井（1998）、栗岩ら（2000）、大山ら（2002）、森ら（2003）は8つのシルエットを示して調査を実施しています。このうち向井（1998）と森ら（2003）は、肥満度の最も低いシルエットを1点、肥満度が最も高いシルエットを8点として点数化し、理想と現実

体型と体格

「もっとウエストを絞りたい」…このような願望は体型に関する願望です。「もう少し体脂肪を落としたい」…これは体格に関する願望です。両者はしばしば混同されて使われていますが、お互いに重ならない意味合いも含んでいます。BMIのように、身長と体重から便宜的に体脂肪率を推測するような指数を、体格指数と呼びます。BMIを用いる場合には、あくまでも体格が求められるのです。同じ体格でも、体型は異なることが多くみられます。体格は全体的な感じを示し、体型は各部とそのバランスまでも含むというイメージでよいでしょう。

の体型の得点差を体型不満得点として算出しています。

　シルエット画を用いた調査の方法はいくつかありますが、多くは被験者の現在と理想の体型のシルエット画を選択させ、それらやそれらの差と、言語による「太っている」や「やせている」などの認識との関連を測ったり、実際のBMI指数やローレル指数などとの関連を測るというものがあります。

関連文献
松岡弘, 稲村雅美, 上野みゆき, 山本久子. (1980)「肥満児のボディ・イメージに関する調査・研究」『健』9（5）, 66-69
Bell C.,Kirkpatrick S.W.,Rinn R.C. (1986) Body image of anorexic, obese, and normal females. *Journal of Clinical Psychology*, 42（3）, 431-439
西沢義子, 木田和幸, 木村有子, 高畑太郎, 佐々木資成, 三田禮造. (1997)「児童の体型認識と肥満およびやせに対するイメージ」『学校保健研究』39, 132-138
向井隆代. (1998)「児童期・思春期における摂食障害―食行動の不適応―」『精神科診断学』9（2）, 201-211
栗岩瑞生, 鈴木里美, 村松愛子, 渡辺タミ子, 大山健司. (2000)「思春期女性のボディ・イメージと体型に関する縦断的研究」『小児保健研究』59（5）, 596-601
森慶恵, 佐藤和子. (2001)「小学生のボディ・イメージと身体満足度, セルフエスティームに関する研究」『愛知教育大学養護教育講座研究紀要』6（1）, 13-22
大山健司, 渡邉タミ子, 藤田佑子, 鈴木里美, 栗岩瑞生. (2002)「思春期男子のボディイメージに関する研究」『成長科学協会研究年報』第25号, 153-161
森千鶴, 小原美津希. (2003)「思春期女子のボディイメージと摂食障害との関連」『山梨大学看護学会誌』2（1）,49-54

●シルエット画の例（6点法）

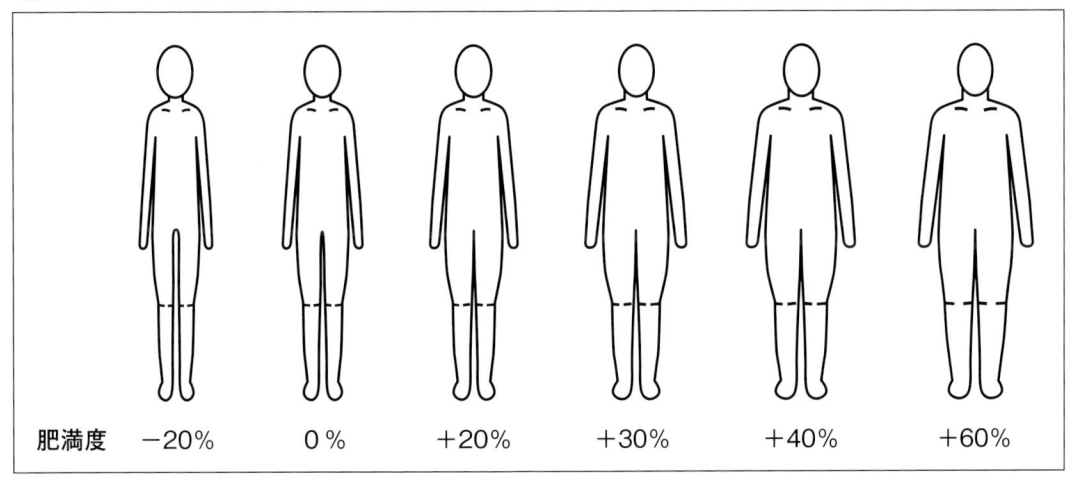

| 肥満度 | −20％ | 0％ | ＋20％ | ＋30％ | ＋40％ | ＋60％ |

西沢ら（1997）が作成したシルエット画をもとに筆者が作成。※調査にご使用の際はご自由にお使いください。

4．参考になる文献やウェブページ情報

より深めるための本

思春期やせ症の診断と治療ガイド
厚生労働科学研究（子ども家庭総合研究事業）思春期やせ症と思春期の不健康やせの実態把握および対策に関する研究班編著、文光堂、2005年

思春期やせ症—小児診療に関わる人ためのガイドライン
厚生労働科学研究（子ども家庭総合研究事業）思春期やせ症と思春期の不健康やせの実態把握および対策に関する研究班編著、文光堂、2008年

パーソナリティ障害・摂食障害（精神科臨床ニューアプローチ5）
上島国利監修　市橋秀夫編、メジカルビュー社、2006年

摂食障害の治療技法—対象関係論からのアプローチ
松木邦裕著、金剛出版、1997年

摂食障害の精神分析的アプローチ—病理の理解と心理療法の実際（精神分析臨床シリーズ）
松木邦裕、鈴木智美編、金剛出版、2006年

生活しながら治す摂食障害
西園文著、女子栄養大学出版部、2004年

家族で支える摂食障害—原因探しよりも回復の工夫を
伊藤順一郎編、保健同人社、2005年

児童青年精神医学
マイケル・ラター、エリック・テイラー編　長尾圭造、宮本信也監訳、日本小児精神科医学会訳、明石書店、2007年

石隈・田村式援助シートによるチーム援助入門—学校心理学・実践編
石隈利紀、田村節子著、図書文化社、2003年

保健室に用意しておきたい本

知ってほしい！　子どもの「こころの病気」5　依存症と非行　ぼくは悪くない
佐々木正美監修、岩崎書店、2008年

からだはステキ1　太るのがこわい—肥満は敵だ！
小野のん子著、長谷川知子画、リブリオ出版、2002年

見たい　聞きたい　恥ずかしくない！　性の本2　女の子の心とからだ
北村邦夫監修、WILLこども知育研究所編著、金の星社、2007年

10代のフィジカルヘルス3　ダイエット
石垣ちぐさ、本間江理子著、大月書店、2005年

10代のセルフケア1　なぜ自分を傷つけるの？
アリシア　クラーク，M.A.著、水澤都加佐監修、上田勢子訳、大月書店、2005年

10代のセルフケア3　共依存かもしれない
ケイ・マリー・ポーターフィールド著、水澤都加佐監訳、大月書店、2006年

10代のメンタルヘルス1　過食症
ボニー・グレイブス著　汐見稔幸・田中千穂子監修　上田勢子訳、大月書店、2003年

10代のメンタルヘルス2　拒食症
ボニー・グレイブス著　汐見稔幸・田中千穂子監修　上田勢子訳、2003年

10代ってムズカシイ！―生きのびるためのアドバイス
ダイアン・マストロマリーノ著　土屋花生訳、汐文社、2005年

自分ってなあに？　自分と恋におちるガイドブック
ダイアン・マストロマリーノ著　能勢理子訳、汐文社、2005年

トレボー・ロメイン　こころの救急箱1　いじめなんてへっちゃらさ
トレボー・ロメイン著、上田勢子、藤本惣平訳、大月書店、2002年

トレボー・ロメイン　こころの救急箱2　さよなら、ストレスくん
トレボー・ロメイン、エリザベス・ハーディック共著、上田勢子、藤本惣平訳、大月書店、2002年

トレボー・ロメイン　こころの救急箱3　テストなんかこわくない
トレボー・ロメイン、エリザベス・ハーディック共著、上田勢子、藤本惣平訳、大月書店、2002年

トレボー・ロメイン　こころの救急箱4　大切な人が死んじゃった
トレボー・ロメイン著、上田勢子、藤本惣平訳、大月書店、2002年

トレボー・ロメイン　こころの救急箱5　宿題すらすらやっつけよう
トレボー・ロメイン著、上田勢子、藤本惣平訳、大月書店、2002年

トレボー・ロメイン　こころの救急箱6　仲間はずれなんて気にしない
トレボー・ロメイン著、上田勢子、藤本惣平訳、大月書店、2002年

子ども110番　悩み相談室　ティーンズテレフォン　カラダとココロ
ダイヤル・サービス子ども110番著、汐文社、2004年

娘に伝えたい　ティーンズの生理＆からだ＆ココロの本
対馬ルリ子、種部恭子、吉野一枝著、かもがわ出版、2007年

関連ホームページ

健やか親子21公式ホームページ
http://rhino.med.yamanashi.ac.jp/sukoyaka/

健やか親子21　第1回・第2回中間評価の推移（思春期課題1－4、46ページ）
http://www.mhlw.go.jp/shingi/2010/03/dl/s0331-13a015.pdf

e－ヘルスネット　休養・こころの健康づくり　心身の不調
http://www.e-healthnet.mhlw.go.jp/information/heart/k-04-005.html

日本小児心身医学会　(15)神経性食欲不振症（若年期発症）
http://www.jisinsin.jp/detail/15-iguchi.html

慶應義塾大学小児科精神保健
http://web.sc.itc.keio.ac.jp/pedia/mental_health.html

日本小児循環器学会学校生活管理指導表
http://jspccs.umin.ac.jp/japanese/

日本小児内分泌学会横断的標準身長・体重曲線0-18歳（子どもの内分泌疾患とは？　低身長について）
http://jspe.umin.jp/

5. 身長・体重曲線

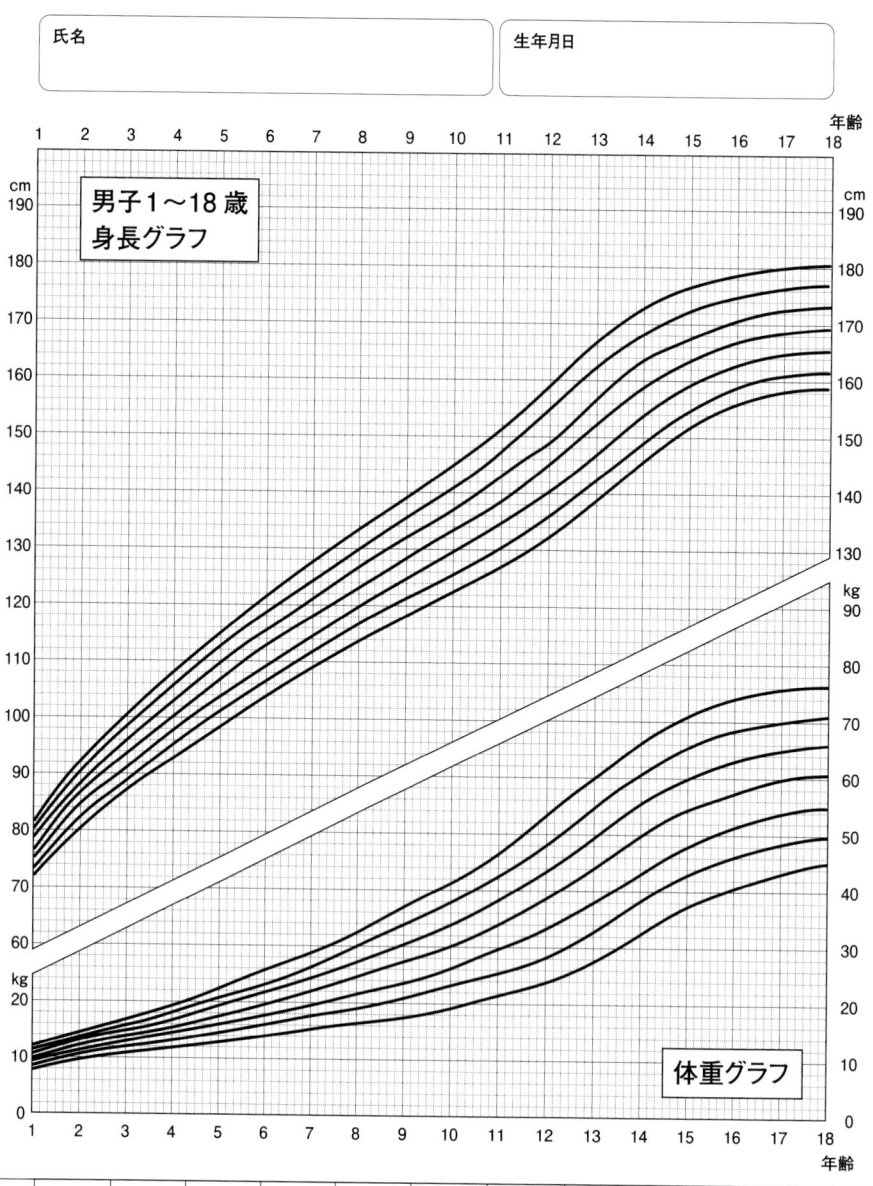

氏名　　　　　　　　　　生年月日

男子1〜18歳
身長グラフ

体重グラフ

	小学1年	小学2年	小学3年	小学4年	小学5年	小学6年	中学1年	中学2年	中学3年	高校1年	高校2年	高校3年
計測日												
年齢（歳：か月）												
身長(cm)												
体重(kg)												

最低でも1年に1度は把握される身長と体重を、●印でプロットしていってみましょう。そして、2つ以上の●をつけたら、それらを順に線で結んでいきます。チャンネルをまたいでいないか（図中のラインを横切っていないか）に着目します。体重が下方にチャンネルをまたいでシフトする場合には、不健康やせや思春期やせ症につながっていく可能性があります。身長が下方にシフトしていく場合は、思春期やせ症などの体重減少と関連している場合や低身長などの成長障害につながる場合があります。

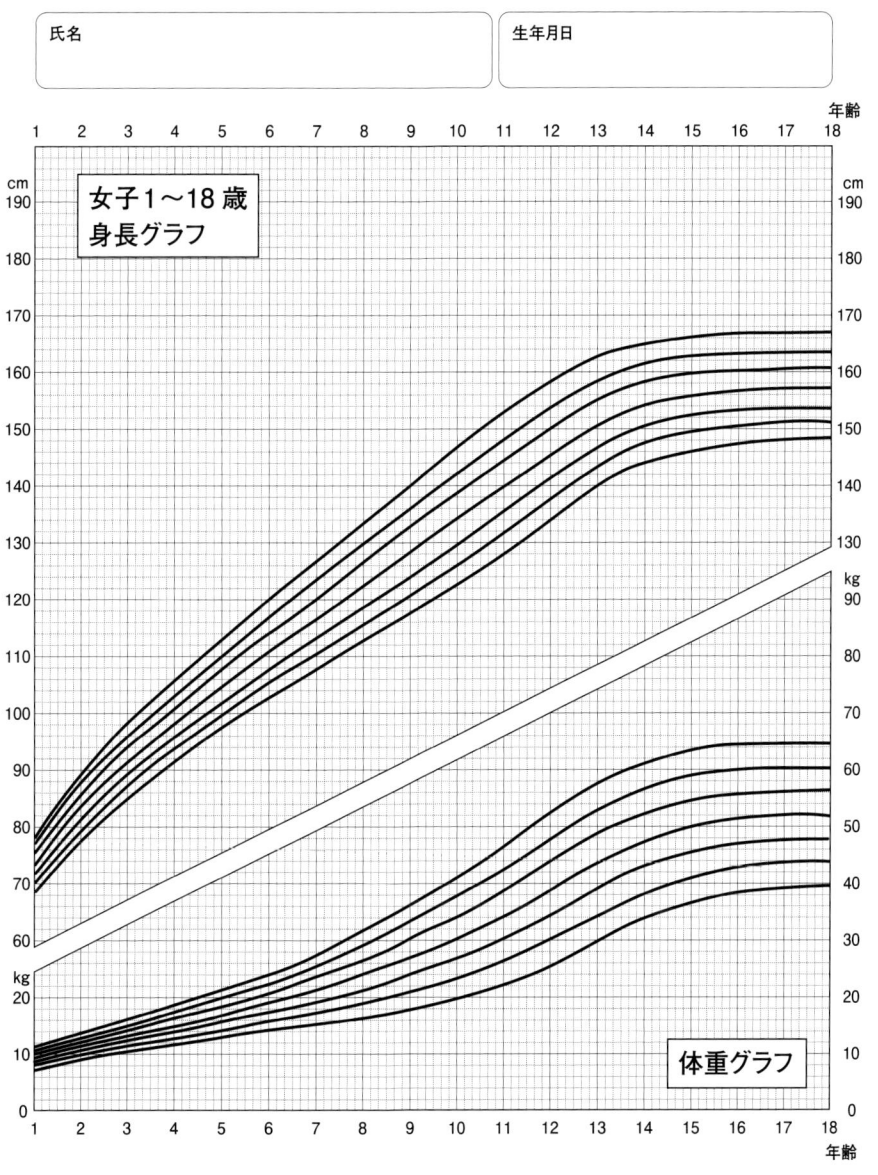

| | 氏名 | | 生年月日 | |

女子1〜18歳 身長グラフ

体重グラフ

	小学1年	小学2年	小学3年	小学4年	小学5年	小学6年	中学1年	中学2年	中学3年	高校1年	高校2年	高校3年
計測日												
年齢（歳：か月）												
身長（cm）												
体重（kg）												

平成12年乳幼児身体発育調査報告書（厚生労働省）および平成12年度学校保健統計調査報告書（文部科学省）のデータをもとに作成
作図：加藤 則子、村田 光範
出典　文部科学省スポーツ・青少年局学校健康教育課「児童生徒の健康診断マニュアル（改訂版）」財団法人 日本学校保健会　2006年

6. 学校生活管理指導表

[平成14年度版]

学校生活管理指導表（小学生用）

平成　年　月　日

氏名＿＿＿＿＿＿ 男・女　平成　年　月　日生（　歳）　小学校　年　組

①診断名（所見名）	②指導区分 要管理：A・B・C・D・E 管理不要	③運動クラブ活動 （　　）クラブ 可（但し、　）・禁	④次回受診 （　）年（　）か月後 または異常があるとき

医療機関＿＿＿＿＿＿

医　師＿＿＿＿＿＿ 印

【指導区分：A…在宅医療・入院が必要　B…登校はできるが運動は不可　C…軽い運動は可　D…中等度の運動も可　E…強い運動も可】

体育活動 ＼ 運動強度	軽い運動（C・D・Eは“可”） 1・2・3・4年	軽い運動 5・6年	中等度の運動（D・Eは“可”） 1・2・3・4年	中等度の運動 5・6年	強い運動（Eのみ“可”） 1・2・3・4年	強い運動 5・6年
運動種目：用具を操作する運動遊び（運動） 力試し運動遊び（運動） 体つくり運動 体ほぐしの運動・体力を高める運動	長なわでの大波・小波・くぐり抜け、二人組での輪の転がし合い	体の調子を整える手軽な運動、簡単な柔軟運動（ストレッチングを含む）、軽いウォーキング	短なわでの順跳び・交差跳び、輪（投捕）、竹馬乗り、平均くずし、人倒し、一輪車乗り	リズムに合わせての体操、ボール・輪・棒を使った体操	長なわ(連続回旋跳び)、短なわ(組み合わせ連続跳び)、引き合い、押し合いずもう、引きずって運ぶ、手押し車、かつぎ合い、シャトルランテスト	なわ跳び(連続跳び)、持久走、すもう、シャトルランテスト
走・跳の運動遊び（運動） 陸上運動	いろいろな歩き方、スキップ、立ち幅跳び、ゴム跳び遊び	立ち幅跳び	かけっこ、簡単な折り返しリレー、ケンパー跳び遊び	短い助走での走り幅跳び	全力を使ってのかけっこ、バトンパスリレー、ハードル走（小型ハードル）、かけ足、幅跳び、高跳び	短距離走（全力で）、リレー、ハードル走、走り幅跳び、走り高跳び
ボール型ゲーム：ボールゲーム	キャッチボール		的あてゲーム、シュートゲーム、パスゲーム、蹴り合い		ゲーム(試合)形式	
ボール型ゲーム：バスケットボール(型ゲーム) サッカー（型ゲーム）	パス、ドリブル、シュート	パス、ドリブル、シュート	攻め方、守り方	攻め方、守り方		
ボール運動：ベースボール型ゲーム ソフトボール	投げ方、打ち方、捕り方	バッティング、捕球、送球	攻め方、守り方、連携プレー	走塁、連携プレー		
ボール運動：ソフトバレーボール		パス、レシーブ、サーブ		トス、スパイク、攻め、連携プレー		
器械・器具を使っての運動遊び（運動）：固定施設	1・2・3年 ジャングルジム	4・5・6年	1・2・3年 ろく木、雪梯	4・5・6年	1・2・3年	4・5・6年
平均台	平均台を使っての歩行・ポーズ		簡単な技の練習		演技、連続的な技	
器械運動：マット	ころがり（横・前・後）	前転・後転・倒立などの技	かえる足うち、壁逆立ち	前転・後転・倒立などの発展技	転がりの連続	連続技や組み合わせの技
器械運動：鉄棒	鉄棒を使ってぶらさがり振り	踏み越し下り、転向下り	足抜き回り、膝かけ下り上がり、補助逆上がり	膝かけ上がり、逆上がり、後方支持回転、前方支持回転	片膝かけ回りの連続	連続技や組み合わせの技
器械運動：跳び箱	支持でまたぎ乗り・またぎ下り	極く短い助走で低い跳び箱での開脚跳び・台上前転	支持で跳び上がり・跳び下り	開脚跳び、台上前転、かかえ込み跳び	横跳び越し・支持でのかかえ跳び越しの連続	連続技や組み合わせの技
水遊び・浮く・泳ぐ運動 水泳	水遊び（シャワー）、水中での電車ごっこ、水中ジャンケン	水慣れ（シャワー）、伏し浮き、け伸び	石拾い、輪くぐり、壁につかまっての伏し浮き、け伸び	短い距離でのクロール・平泳ぎ	ばた足泳ぎ(補助具使用)、面かぶりばた足泳ぎ、面かぶりクロール、かえる足泳ぎ(補助具使用)	呼吸しながら長い距離でのクロール・平泳ぎ
鬼遊び	1・2年	3・4・5・6年	1・2年 一人鬼、二人鬼、宝取り鬼	3・4・5・6年	1・2年 ボール運び鬼	3・4・5・6年
表現リズム遊び 表現運動	まねっこ、リズム遊び、即興表現、ステップ		模倣、ひと流れの動きで表現、リズムダンス(ロックやサンバを除く)、フォークダンス、日本の民謡の踊り		リズムダンス(ロックやサンバ)、作品発表	
雪遊び、氷上遊び、スキー、スケート、水辺活動	雪遊び、氷上遊び		スキー・スケートの歩行、水辺活動		スキー・スケートの滑走など	
文化的活動	体力の必要な長時間の活動を除く文化的活動		右の強い活動を除くほとんどの文化的活動		マーチングバンドなど体力を相当使う文化的活動	
学校行事、その他の活動	▼運動会、体育祭、球技大会、スポーツテストなどは上記の運動強度に準ずる。 ▼指導区分“E”以外の児童の遠足、宿泊学習、修学旅行、林間学校、臨海学校などへの参加について不明な場合は学校医・主治医と相談する。					

児童・生徒の学校生活（運動・文化活動・学校行事など）に伴う不測の事故を可能な限り減少させ、児童・生徒の生活の質（QOL）を向上させ、安全でかつ、充実した楽しい生活を実現することを目標に作成されたシートです。担当の医師が学校に伝えたいことが全国共通の書式で示されるようになっています。

学校生活管理指導表（中学・高校用）

[平成14年度版]　　　　　　　　　　　　　　　　　　　　　　　　　　中学校　　　　　　　　　　　　　　　　　　　　　平成　年　月　日
氏名　　　　　　　　（所見名）　　　男・女　昭和・平成　年　月　日生　　歳　　　高等学校　　　年　　組　　　　　　　　　医療機関

①診断名　　　　　　　　　②指導区分：A・B・C・D・E　③運動部活動　　　　　　　④次回受診
　　　　　　　　　　　　　　要管理：A・B・C・D・E　　　　部　　　　　　　　（　）年（　）か月後
　　　　　　　　　　　　　　管理不要　　　　　　　　　　　可（但し、　　　）、禁　　　または異常があるとき
　　医師　　　　　　　　印

[指導区分：A…在宅医療・入院が必要　B…登校はできるが運動は不可　C…軽い運動は可　D…中等度の運動も可　E…強い運動も可]

運動強度		軽い運動（C・D・Eは"可"）	中等度の運動（D・Eは"可"）	強い運動（Eのみ"可"）
体育活動	体つくり運動	いろいろな手軽な運動、基本の運動（運動遊び）（投げる、打つ、捕る、蹴る、跳ぶ）	体の柔らかさ及び巧みな動きを高める運動、力強い動きを高める運動、動きを持続する能力を高める運動	最大限の持久運動、最大限のスピードでの運動、最大筋力での運動
	体力を高める運動			
	器械運動（マット、鉄棒、平均台、跳び箱）	体操運動、簡単なマット運動、バランス運動、簡単な跳躍、回転系などの技	簡単な技の練習、ランニングからの支持、ジャンプ・回転系などの技	演技、競技会、発展的な技
	陸上競技	立ち幅跳び、跳躍、投てき軽いジャンピング	ジョギング、短い助走での跳躍	長距離走、短距離走の競走、競技、タイムレース
	水泳（クロール、平泳ぎ、背泳ぎ、バタフライ、横泳ぎ）	水慣れ、浮く、伏し浮き、けのびなど	ゆっくりな泳ぎ	競泳、競技、タイムレース、飛び込み
運動種目	球技	バスケットボール	バス、シュート、ドリブル、フェイント	ドリブルシュート、連携プレー（攻撃・防御）	ゲーム・競技
		ハンドボール	バス、シュート、ドリブル	スパイク、ブロック、連携プレー（攻撃・防御）	
		バレーボール	バス、サービス、レシーブ、フェイント	ドリブル、ヘディング	
		サッカー	ドリブル、シュート、リフティング、パス、フェイント、トラッピング、スローイング	ドリブル、シュート、連携プレー（攻撃・防御）	
		テニス	グランドストローク、サービス、ロビング	ボレー、スマッシュ、サービス、レシーブ、乱打	
		ラグビー	ボール運動	身体接触を伴わない動き	ラック、モール、スクラム、ラインアウト、タックル
		卓球	バス、キャッチングハンドリング	バス、キャッチハンド、サービス、レシーブ	
		バドミントン	フォア・バックハンド、サービス、レシーブ	フォア・バックハンド、サービス、ドライブ、スマッシュ	
		ソフトボール	サービス、レシーブ、フライト	ハイクリア、ドロップ、ドライブ、スマッシュ	
		野球	スローイング、キャッチング、バッティング	走塁、連携プレー、ランニングキャッチ	応用練習、試合
		ゴルフ	グリップ、スイング、素振り	定位ゴルフ（グランドゴルフなど）	
	武道　柔道、剣道、相撲、弓道、なぎなた、レスリング	礼儀作法、基本動作、受け身、素振り	簡単な技・形の練習	
	ダンス　創作ダンス、フォークダンス、現代的なリズムのダンス	即興表現、手振り、ステップ	リズミカルな動きを伴うダンス（ロックやサンバを除く）、日本の民謡の踊りなど	リズムダンス、創作ダンス、ダンス発表会
	野外活動　スキー、スケート、水遊び、登山、遠泳、水辺活動	水・雪・氷上遊び	スキー・スケートの歩行やゆっくりな滑走	通常の野外活動
			平地歩きのハイキング、水に浸かり遊ぶサーフィン、ウィンドサーフィン	登山、遠泳、潜水、カヌー、ボート、スクーバー・ダイビング
文化的活動		体力の必要な長時間行う活動を除くほとんどの文化的活動	右の強い活動を除く文化的活動	体力を相当使って吹く楽器（トランペット、トロンボーン、オーボエ、バスーン、ホルンなど）、リズムのかなり速い曲の演奏や指揮、行進を伴うマーチングバンドなど
学校行事、その他の活動	▶運動会、体育祭、球技大会、スポーツテストなどは上記の運動強度に準ずる。 ▶指導区分"E"以外の生徒の遠足、宿泊学習、修学旅行、林間学校、臨海学校などへの参加について不明な場合は学校医・主治医と相談する。			

出典　文部科学省スポーツ・青少年局学校健康教育課「児童生徒の健康診断マニュアル（改訂版）」財団法人 日本学校保健会　2006年

あとがき

　思春期やせ症はわが国の重要な健康課題の一つであり、以前より国（厚生労働省）における班研究の対象となっておりました。2001年から始まりました「健やか親子21」にも取り上げられ、継続して頻度などをフォローされる健康課題として位置づけられています。

　健やか親子21の推進を主たる目的とする厚生労働省研究班（通称：山縣班）では、全国の高校のご協力を得て、思春期やせ症の頻度を算出し、健やか親子21の中間評価に反映いたしました。その取り組みの過程で得られた議論や高校の先生方とのやりとりを生かすかたちで本書を世に出すことができました。

　本書のコンセプトは、①学校の先生方の実践に立つものでありたいということ、②学校の先生方の視野の広がりを支援するものでありたいということ、そして③子どもたちにおけるほかの健康課題にも応用がきく内容でありたいということ、の3つがその主たるものでした。

　そのためには章立てを工夫するとともに、多角的な視点を組み込むために、小児科専門医や成長発育の専門家だけではなく、高校の養護教諭の先生、さらには中学校、そして小学校の養護教諭の先生方にも執筆をいただき、山縣班でまとめさせていただきました。

　思春期やせ症は、中学校・高校の先生にとっては「今」の課題であると同時に、小学校の先生にとっては「これから」の課題でもあります。また、学校の先生にとっては「ここ（学校）」における課題であると同時に、「そこ（病院への通院・入院）」の課題でもあります。お互いの連携が十分に機能していくことが求められています。

　思春期やせ症はその大本に不健康やせなどの社会的に影響を受けやすい課題を含んでいます。また、家族のあり方も影響する課題といえます。ゆえに対応はどうしても複合的なものにならざるを得ません。その複合の中心でコーディネートしていただけるのは学校の先生、養護教諭の先生だと考えています。

　健康課題を抱えた子どもの最善の利益のために、これからも私どもに皆様の実践の知恵と工夫を共有させていただきますよう執筆陣を代表してここにお願い申し上げる次第です。ありがとうございました。

松浦 賢長

索　引

【あ】
いじめ…………………… 29,50,51,58,61
院内学級……………………………… 64,65

【か】
過食嘔吐……………………………………8
家族療法……………………………………63
カットオフ・ポイント……………………85
感度…………………………………………37
偽陰性………………………………37,39,41
偽陽性…………………………………37,39
拒食……………………………………43,44
健康診断……………………………………46
孤食…………………………………………22
子どもの健康管理プログラム……………49

【さ】
最栄養症候群………………………………63
最善の利益…………………………………75
サポートチーム………………………72,75
自己肯定感…………………………………29
思春期………………………………………18
思春期やせ症……7,8,9,13,32,44,47,48,58,
　　　　　　　　　　　　　59,63,72,93
思春期やせ症のスクリーニング基準……34
自傷行為………………………………58,63
自尊感情……………………………………18
児童精神科医………………………………59
上腸間膜動脈症候群………………………63
情報…………………………………………72
食行動異常……………………………28,85
初経…………………………………………19
初潮の遅れ…………………………………9
徐脈……………………………………29,34,42
シルエット画……………………………88,89

シルエット法……………………………85,88
神経性食思不振症…………………………8
神経性無食欲症……………………………8
心身症………………………………………7
身体計測値…………………………………34
身長・体重曲線……………………………92
信頼…………………………………………73
心理治療……………………………………63
スクリーニング………………………31,44
スクリーニング評価値……………………37
健やか親子２１………………12,13,14,32
ストレス……………………………………19
生活の質（QOL）…………………………95
制限型………………………………………8
成長曲線………………………47,48,49,62
成長障害……………………………………93
成長発育曲線………………………………32
精通…………………………………………19
摂食障害……………………………8,64,88

【た】
ダイエット………………10,18,23,47,88
ダイエットハイ………………………10,82
体型認識……………………………………82
体重発育曲線…………………………35,42
チャンネル……………………………33,36
中間評価……………………………………13
データ………………………………………72
データ連結…………………………………46
特異度…………………………………37,38
特別支援教育………………………………65

【な】
二次性徴……………………………………18
ネグレクト…………………………………75

97

【は】
パーセンタイル……………………… 33
パーセンタイル成長曲線………………… 8
排泄行動……………………………… 28
発育評価支援ソフト Upsee …………… 49
肥満度………………35,42,48,49,56,88
病識…………………………………… 11
頻脈…………………………………… 47
不健康やせ………… 8,13,14,32,48,72
不健康やせを判断する目安………… 32
不登校………………………………58,73
ベースライン値……………………… 12
ボディーイメージ……………… 18,82,88

【ま】
無月経…………………… 9,42,49,63
無食欲症………………………………… 8
むちゃ食い／排出型…………………… 8
問題行動……………………………… 58

【や】
やせ願望…………………… 11,14,19
ゆがんだボディイメージ……………… 11
陽性反応的中度……………………37,40

【ら】
リストカット………………………… 58
ローレル指数……………………… 56,89

【A〜Z】
ＢＭＩ……………………………… 56,89
ＤＳＭ－ＩＶ－ＴＲ ……………………8,43
Eating Attitudes Test（EAT）………85
ＲＯＣ（receiver operating characteristic）曲線…………………………………… 40

著者紹介

厚生労働科学研究（子ども家庭総合研究事業）
健やか親子21を推進するための母子保健情報の利活用および思春期やせ症防止のための学校保健との連携によるシステム構築に関する研究班

〈編集・執筆〉
山縣 然太朗	山梨大学大学院医学工学総合研究部社会医学講座教授
松浦 賢長	福岡県立大学看護学部ヘルスプロモーション看護学系教授
山崎 嘉久	あいち小児保健医療総合センター保健センター長・総合診療部長

〈執　筆〉（50音順）
阿部 真理子	前神奈川県立高等学校養護教諭
井口 葉子	福岡県立高等学校養護教諭
今村 寿子	福岡県久留米市立中学校養護教諭
笠井 直美	新潟大学教育学部准教授
杉野 浩幸	福岡県立大学看護学部基盤看護学系准教授
土井 智子	関西大学附属第一高等学校養護教諭
中野 貴博	名古屋学院大学スポーツ健康学部准教授
原田 直樹	福岡県立大学看護学部ヘルスプロモーション看護学系講師
樋口 善之	産業医科大学産業生態科学研究所助教
水澤 明子	千葉県市川市立中学校養護教諭
森　慶恵	名古屋市立小学校養護教諭

〈基礎レイアウト＆デザイン〉
杉野 浩幸	福岡県立大学看護学部基盤看護学系准教授

学校における思春期やせ症への対応マニュアル

2011年7月15日	初版第1刷発行
著　　者	山縣 然太朗・松浦 賢長・山崎 嘉久
発 行 人	松本 恒
発 行 所	株式会社　少年写真新聞社
	〒102-8232　東京都千代田区九段北1-9-12
	TEL 03-3264-2624　FAX 03-5276-7785
	URL http://www.schoolpress.co.jp/
印 刷 所	大日本印刷株式会社

©Zentaro Yamagata, Kencho Matsuura, Yoshihisa Yamazaki
2011 Printed in Japan
ISBN978-4-87981-387-9 C0037
NDC496

スタッフ　編集：松尾 由紀子　DTP：木村 麻紀　校正：石井 理抄子　イラスト：サガワ ヤスコ
　　　　　編集長：野本 雅央

本書を無断で複写・複製・転載・デジタルデータ化することを禁じます。
乱丁・落丁本はお取り替えいたします。定価はカバーに表示してあります。